Sartre no Brasil

FUNDAÇÃO EDITORA DA UNESP

Presidente do Conselho Curador
Mário Sérgio Vasconcelos

Diretor-Presidente
Jézio Hernani Bomfim Gutierre

Superintendente Administrativo e Financeiro
William de Souza Agostinho

Conselho Editorial Acadêmico
Danilo Rothberg
João Luís Cardoso Tápias Ceccantini
Luiz Fernando Ayerbe
Marcelo Takeshi Yamashita
Maria Cristina Pereira Lima
Milton Terumitsu Sogabe
Newton La Scala Júnior
Pedro Angelo Pagni
Renata Junqueira de Souza
Rosa Maria Feiteiro Cavalari

Editores-Adjuntos
Anderson Nobara
Leandro Rodrigues

JEAN-PAUL SARTRE

Sartre no Brasil

—◆—

A conferência de Araraquara

Tradução e introdução
Luiz Roberto Salinas Fortes

Prefácio
Franklin Leopoldo e Silva

3ª edição – bilíngue

© 2019 Editora Unesp

Direitos de publicação reservados à:
Fundação Editora da Unesp (FEU)
Praça da Sé, 108
01001-900 – São Paulo – SP
Tel.: (0xx11) 3242-7171
Fax: (0xx11) 3242-7172
www.editoraunesp.com.br
www.livrariaunesp.com.br
feu@editora.unesp.br

Dados Internacionais de Catalogação na Publicação (CIP) de acordo com ISBD
Elaborado por Vagner Rodolfo da Silva - CRB-8/9410

S251s
    Sartre, Jean-Paul
        Sartre no Brasil: a conferência de Araraquara / Jean-Paul Sartre; traduzido por Luiz Roberto Salinas Fortes. Prefácio de Franklin Leopoldo e Silva – 3. ed. – São Paulo: Editora Unesp, 2019.

        Bilíngue: português e francês.
        Inclui bibliografia.
        ISBN: 978-85-393-0780-7

        1. Filosofia. 2. Filosofia francesa. 3. Existencialismo. 4. Discursos. 5. Filosofia marxista. 6. Conferências. I. Fortes, Luiz Roberto Salinas. II. Silva, Franklin Leopoldo e. III. Título.

2019-33   CDD: 142.7
                                                                                 CDU: 141.32

Editora afiliada:

Sumário

Apresentação a esta edição   7
Prefácio   11
Apresentação à edição original   21
Introdução   23

A conferência de Araraquara

Nota dos editores   35

PRIMEIRA PARTE – FILOSOFIA E IDEOLOGIA
A filosofia marxista   39
Alienação e liberdade   51
O existencialismo é uma ideologia   59

SEGUNDA PARTE – A IDEOLOGIA EXISTENCIAL E O FUNDAMENTO DA ANTROPOLOGIA
Antropologia   67
Um fundamento existencial para a
    Antropologia   77
A situação   83
A compreensão   89
O projeto como negação   95
O problema da dialética da natureza   101

Apresentação a esta edição

A história deste livro se entrelaça com a trajetória da própria Faculdade de Ciências e Letras, câmpus de Araraquara (FCL-Ar), da Universidade Estadual Paulista "Júlio de Mesquita Filho".

Entre as décadas de 1950 e 1960, foram criados os chamados Institutos Isolados de Ensino Superior do Estado de São Paulo. Em 1957, foi promulgada a criação daquele que viria a ser um dos mais influentes desses institutos, a Faculdade de Filosofia, Ciências e Letras de Araraquara (FFCLA), autorizada a funcionar em 1959, inicialmente com os cursos de Letras e Pedagogia. Outros cursos seriam integrados à instituição ao longo dos anos (a exemplo do curso de Ciências Sociais, em 1963, e, posteriormente, dos cursos de Ciências Econômicas e de Administração Pública, respectivamente em 1983 e 1989). Em 1976, a FFCLA passa a integrar a nascente Universidade Estadual Paulista "Júlio de Mesquita Filho"; em 1977, passa a denominar-se Instituto de Letras, Ciências Sociais e Educação (ILCSE); e, desde 1989, com o novo Estatuto da Unesp, chama-se Faculdade de Ciências e Letras de Araraquara (FCL-Ar).

A Faculdade de Filosofia, Ciências e Letras de Araraquara era, portanto, uma instituição ainda muito jovem em 1960, quando olhares de intelectuais do mundo todo se voltaram para o evento

que ocorreria em seu anfiteatro, local que hoje abriga a Secretaria da Cultura do município e o Museu da Imagem e Som: a conferência do filósofo Jean-Paul Sartre.

Sartre, que naquele mesmo ano voltara à ribalta do debate filosófico com o lançamento de *Crítica da razão dialética*, viajava com Simone de Beauvoir pelo Brasil, onde passaria quase três meses. O filósofo chega à América do Sul pouco depois de uma intensa passagem pela Cuba pós-revolucionária, e, em terras brasileiras, é ciceroneado por Jorge Amado e Zélia Gattai, que conhecera em reuniões do Partido Comunista na França. Vivia-se intensamente a Guerra Fria, e não por acaso as palestras e inúmeras entrevistas de Sartre versaram muito sobre a política internacional.

Essa seria a história da viagem, não fosse a intervenção de Fausto Castilho, então docente da Faculdade de Filosofia, Ciências e Letras de Araraquara. Por intermédio de amigos, Castilho enviou a Recife uma pergunta para Sartre sobre a conciliação entre existencialismo e marxismo exposta na *Crítica da razão dialética*. A indagação foi posteriormente reforçada por telefone, com o francês já no Rio de Janeiro, e, por fim, feita pessoalmente, em São Paulo. "Ele me disse que a pergunta era complexa e que só poderia respondê-la pessoalmente, numa conferência. Convidei-o, então, a ir para Araraquara – ele aceitou na hora".

Fez-se então o convite oficial para que o filósofo proferisse uma Conferência em Araraquara. O *Jornal da Unesp*, em matéria divulgada em setembro de 2001, retoma esse episódio com o seguinte título: "O dia que Araraquara foi existencialista". De fato, para além dos holofotes – Sartre estava no auge de sua celebridade e todas as suas escalas foram fartamente cobertas pela imprensa da época –, a Conferência de Araraquara foi a única voltada majoritariamente à filosofia durante a passagem de Sartre pelo Brasil. A peça filosófica que se constitui na ocasião percorre temas caros a Sartre, como a natureza e os limites da liberdade, e realiza um

agudo exame da noção de *compreensão*. Na plateia, Antonio Candido, Bento Prado Jr., João Cruz Costa, Dante Moreira Leite, Miriam L. Moreira Leite, Fernando Henrique Cardoso, José Celso Martinez Corrêa, entre tantos outros docentes e discentes que estariam na linha de frente do cenário cultural brasileiro nas décadas seguintes.

Em 2019, a FCL-Ar completa 62 anos de uma história marcada por debates e intensa contribuição ao pensamento brasileiro. Ao longo das décadas, seria berço de importantes pensadores, como Paul Singer, Pedro Calil Padis, Fausto Castilho, Jorge Nagle, José Ênio Casalecchi, Dante Tringali, Maria Tereza Camargo Biderman, Francisco da Silva Borba, Heleieth Iara Bongiovani Saffioti, Alceu Dias Lima, Maria Helena de Moura Neves, Dulce Consuelo Andreatta Whitaker, Marco Aurélio Nogueira, José Aluysio Reis de Andrade e tantos outros que fizeram parte desta história. A vinda de Sartre e a conferência proferida em 4 de setembro de 1960 representaram um momento singular para a instituição, que ali ganha nova estatura como polo irradiador de conhecimento e fomentador do debate acadêmico nacional.

Agora, às vésperas da efeméride de 60 anos da Conferência, é mais que bem-vinda esta nova edição de sua materialização em livro, que, acrescida de luminoso prefácio do professor Franklin Leopoldo e Silva, chega a uma nova geração de leitores com a potência de seis décadas atrás – que, esperamos, espelhe a pujança da FCL-Ar e sua contribuição constante para o cenário intelectual brasileiro.

Prof. Associado Cláudio Cesar Paiva
Diretor da Faculdade de Ciências e Letras da
UNESP (Câmpus de Araraquara)

Prof. Associado Marcelo Carbone Carneiro
Diretor da Faculdade de Arquitetura, Artes e
Comunicação da UNESP (Câmpus de Bauru)

Prefácio

A Filosofia pode ser oportuna ou ela será sempre, por natureza, atrasada em relação à atualidade e deslocada em relação às urgências do presente? Esta é uma preocupação de Sartre que percorre toda a sua obra e se manifesta, também, de modo privilegiado, na conferência que se pode ler a seguir. Para examinar a questão, é preciso deixar de lado a ideia de que a Filosofia teria uma "natureza" própria, ao modo de uma essência intemporal. Ela está inscrita na história e, por isso, é mais adequado referir-se a *filosofias*. Esse plural não relativiza a Filosofia, tornando todas equivalentes. As exigências históricas, e o modo como os atos humanos a elas correspondem, refletem apenas a historicidade que permeia a realidade humana. Nesse sentido, os atos de pensar, a disposição e a coragem que os orienta, indicam, ou melhor, testemunham a necessidade do compromisso e seu vínculo absoluto com as posições do filósofo.

Com efeito, não estamos no mundo como espectadores ou admiradores de uma paisagem pitoresca povoada de acontecimentos porventura interessantes, que podem mover e comover a nossa razão e a nossa sensibilidade. Estamos irremediavelmente comprometidos a partir da fatalidade da liberdade, pois esta, longe de ser apenas um atributo ou uma maneira de ser, é a existência em sua

integralidade, somos nós mesmos, a tal ponto que a impossibilidade de definição para esse modo de ser provém, justamente, do fato de que as escolhas, sempre iminentes, nos desalojam constantemente daquilo que seríamos para nos colocar diante daquilo que estamos para ser, a partir das opções e projetos, que não representam ocasiões extraordinárias, mas o puro e simples devir da vida como existência histórica.

Essa contínua e interminável constituição de si não revela o poder do *cogito*, mas a ausência de substancialidade que se põe como o modo peculiar de ser do existente: aquele que não é o que é e é o que não é, no complexo processo de subjetivação, em que a *falta*, constitutiva de uma subjetividade sempre projetada e nunca realizada, desempenha função análoga àquela que a tradição reservava para a positividade afirmativa do ser. Dentre os paradoxos gerados por essa nova maneira de pensar, o que mais nos confunde é essa irrealização do real, uma concepção radical do processo e da história, que nos coloca diante da instabilidade da existência. Tanto o processo de existir, na dimensão subjetiva quanto o devir histórico como condição objetiva nos levam a enfrentar as oscilações de um mundo marcado por um índice de adversidade que se apresenta sempre como esse constante escapar da realidade que nossa consciência, movimento insubstancial, tenta apreender.

Ora, a ontologia da subjetividade, enquanto descrição fenomenológica da liberdade, está diante desse "objeto", que já não possui qualquer das características que o tornem apropriado a uma análise cartesiana. A consciência, que já se mostrara insubstancial na fenomenologia, reveste-se agora da indeterminação decorrente da liberdade radical e absoluta que temos de admitir a partir do primado da existência, a ex-posição da realidade que não pode ser definida como ser. Por isso a ontologia fenomenológica é uma descrição da conduta, a partir da constatação de que o único limite insuperável da liberdade consistiria em sua própria supressão. Mas

essa impossibilidade não tem como contrapartida a densidade metafísica de uma existência fundamentada; em vez disso, o tempo que nos conduz por entre desejos e projetos impede qualquer afirmação de uma subjetividade identitária, fazendo que a existência consista em que o sujeito esteja sempre adiante de si e desgarrado de sua possível identidade. Ora, como entender, nessas circunstâncias, as possibilidades de conhecimento e reconhecimento — subjetividade e intersubjetividade?

A partir de *Questão de método* — se quisermos uma demarcação metodologicamente precisa —, a questão da relação entre Filosofia e conhecimento passa a se colocar para Sartre em termos "antropológicos": importa determinar o que é o homem — entenda-se, não por meio de uma definição essencial, mas por via dos projetos pelos quais procura orientar sua liberdade. Não por via de uma *explicação* de sua "natureza", mas procurando *compreender sua condição*. A Filosofia deve realizar-se como Antropologia, não no sentido de uma ciência humana à procura de uma objetividade abstrata ou de uma formalização conceitual, mas a partir da ideia, trazida pelo marxismo, de que a única compreensão autêntica do ser humano é aquela que se faz através da práxis. A Filosofia é *prática* não apenas no sentido kantiano — e menos ainda no sentido utilitarista —, porque o conhecimento filosófico reencontra o homem no centro do conjunto de suas práticas, e estas o constituem. Ao constatar esse fato e sua importância, Marx teria realizado a sua "revolução" filosófica. Na verdade, Marx não "descobriu" o caráter prático da Filosofia, porque este sempre esteve presente, mesmo de modo implícito no cerne de todas as filosofias, mesmo daquelas que postularam para si mesmas um caráter teórico-abstrato e sistemático. Marx levou às últimas consequências o fato da prática e assim instituiu um pensamento em que a práxis e a ação constituem princípio e finalidade. Por isso sabemos, nós, os contemporâneos, que a Filosofia tem um *sentido prático* que a constitui e orienta.

E a consciência da práxis proporcionada pela filosofia marxista é também a consciência da história. A filosofia do nosso tempo – o marxismo – permite pensar a condição humana a partir dos vetores fundamentais existência e história, enlaçados na práxis. Assim, o filósofo, consciente da existência como práxis histórica, só pode comprometer-se com esse processo, não apenas para compreendê-lo, mas também para interferir nele, transformando a realidade. Assim, temos a relação que antes mencionamos, entre as exigências históricas de uma época e a filosofia que lhes corresponde. Note-se que essa correspondência não precisa ser entendida como harmonia. Precisamente o pensamento de Marx, ao explorar no sentido histórico, social e material a dialética hegeliana, apontou as contradições como constitutivas das realidades políticas que acontecem na história. Assim, a práxis, enquanto domínio da ação, acha-se eivada de contradições, muitas vezes difíceis de conhecer, mas que revelam uma realidade nunca dada e nunca susceptível de um tratamento que a representaria como um desenvolvimento linear. É nesse sentido que a compreensão da *Conferência de Araraquara* depende do conhecimento da *Crítica da razão dialética*, que Sartre publicara pouco antes. O livro representa um esforço monumental para estabelecer as condições de uma racionalidade que não reduza as contradições à lógica analítica, mas que reinvente a razão enquanto instrumento de compreensão da incompletude da realidade, das oposições inconciliáveis e da impossibilidade de se passar da totalização à totalidade. Em suma, uma racionalidade dialética é aquela capaz de acompanhar o movimento histórico na concretude da práxis e não por via de uma idealização conceitual.

É importante compreender essa intenção de Sartre para nos situarmos corretamente perante a relação entre Filosofia e Antropologia – ou a sua possível identificação. A meta de uma filosofia antropologicamente constituída é a compreensão do indivíduo concreto, não do ser individual, mas de *um* indivíduo. Daí a passagem

de *Questão de método* e da *Crítica da razão dialética* a *O idiota da família*, relação já muito comentada na literatura sobre Sartre. Entretanto, é preciso insistir e reiterar que a Antropologia por via da qual Sartre pensa a Filosofia não é a Antropologia científica, mas sim um requisito importante para uma filosofia da história. Por isso já se apontou, equivocadamente, que a passagem de *O ser e o nada* à *Crítica da razão dialética* seria a transição de uma filosofia da existência para uma filosofia da história. Qualquer leitura razoavelmente atenta dos dois livros mostrará que, em Sartre, não existe filosofia da existência sem história e não existe filosofia da história desligada da existência. As críticas de Sartre à generalidade conceitual do marxismo ortodoxo apontam com insistência para a necessidade de se considerar o sujeito histórico em sua singularidade concreta e não apenas como um produto abstrato das condições objetivas.

A noção de *situação* ocupa lugar de destaque em *O ser e o nada* e pode ser vista como constituindo, já nesse primeiro livro, uma abordagem histórica da existência que será aprofundada na *Crítica*. Com efeito, a relevância da situação é paralela ao seu caráter complexo e problemático. Afinal, é nesse capítulo de sua ontologia fenomenológica que Sartre coloca a questão dos limites da liberdade e mostra que tais limites não devem ser entendidos como determinações que anulariam a liberdade. Mas não é fácil assimilar essa dialética entre opostos e concluir que cada um representa em relação ao outro um papel constitutivo. Os limites são a prova de que a liberdade é humana e histórica, e não uma projeção do sujeito no vácuo. A persistência da liberdade e a reafirmação de seu caráter radical e absoluto indicam que a situação tem, no contexto dessa discussão, a função de proporcionar a *compreensão* da liberdade.

No texto da conferência, Sartre se detém no exame da noção de compreensão, opondo-a a intelecção. Esta refere-se ao conhecimento dos vários conjuntos significativos com os quais deparamos. Já a compreensão refere-se ao movimento ou à ação enquanto

reveladores do outro. Não havendo uma *natureza humana* comum a todos, não partilhamos uma "essência" interna. Assim, a intersubjetividade acontece pela expressão externa de cada um e pela compreensão do outro como interiorização dessa exterioridade. Isto é, compreendemos alguém pelos seus atos. A situação, tal como retomada na Conferência, consiste numa reciprocidade que depende daquilo que os atos expressam dos sujeitos em relação. Sartre é fiel à sua objeção à noção tradicional de interioridade. Só há "interioridade" em vias de exteriorização: daí a compreensão pelos atos e, por parte de cada um dos interlocutores, da *diferença* do ato que revela o outro. A realização antropológica da Filosofia tem algo a ver com a prática da Etnologia. O antropólogo vê o indígena que o vê. Nessa situação, cada um se revela, em sua diferença, ao outro. O indígena não é apenas o "objeto", mas outro sujeito que observa aquele que o observa. Essa reciprocidade, que exclui qualquer comunicação de interioridades, define, nesse caso, o significado de situação. O outro se situa diante de mim pelos seus atos e eu me situo perante ele pelos meus. Os atos se compreendem pela situação e a situação pelos atos. Assim, a distância cultural e linguística é superada por uma expressividade singular, cuja realização mais perfeita Sartre vê no cinema mudo, em que a ausência da palavra faz que se exercite a compreensão pelos atos. Os atos não são vestígios, são expressões vivas do sujeito e reveladoras de sua práxis. É a situação – os atos em situação – que aproximam aqueles que não têm uma natureza em comum, que não têm nada em comum. Mas os atos revelam porque a práxis na qual estão inseridos é por si reveladora da condição histórica e de suas diferenças.

Essa articulação entre situação e subjetividade é que permite que os indivíduos afinal se conheçam e se entendam, para além da separação entre sujeito e objeto. Já não é mais necessário que o sujeito, instalado em seu solipsismo, veja a tudo e a todos como

objeto. Mas percebemos também que essa mudança é solidária de uma transformação da racionalidade: em vez da relação linear sujeito/objeto, o que temos agora é a possibilidade de uma interação dialética entre interiorização e exteriorização. É dessa forma que acontece a compreensão. Se o sujeito é metafísico ou formal, isto já não interessa tanto, depois que o captamos como um *momento da compreensão*: essa transformação ou esse deslocamento permite que nos reapropriemos do sentido e do alcance do *cogito*.

Entretanto, a passagem à filosofia marxista não é a passagem à filosofia da liberdade. É bem possível que não haja uma filosofia da liberdade, mas que a liberdade venha a suceder às filosofias. O que significa, então, neste momento, falar de liberdade e, mesmo, fazer dela o centro da reflexão e da concepção de homem? Necessariamente, tratar da liberdade na época de sua irrealização é tratar da liberdade alienada. Em outros termos, no interior de uma História e de uma Filosofia em que a liberdade ainda está para se realizar, temos de convir que não se pode pensar em liberdade sem considerar ao mesmo tempo a alienação, não como antítese formal, mas como parte de uma experiência que se dá num contexto em que ainda não se pode considerar que o homem seja livre. Melhor, ele é livre, mas sua liberdade está alienada. Não podemos separar as duas condições, o que facilitaria deveras a consideração do problema. Entretanto, se houvesse apenas alienação ou se a opressão fosse completamente excludente da liberdade, não poderíamos sequer falar ou pensar em liberdade. De alguma maneira, é como se, do fundo de sua opressão, o mais oprimido dos homens tomasse consciência de sua condição por via de seu contrário, o desejo de liberdade. É essa espécie de participação na liberdade por vir que nos permite falar em liberdade em relação ao homem oprimido, sem ironia ou crueldade. Claro que desejar a liberdade não é ser livre; mas é incluí-la entre os possíveis, e fazer dela um projeto de vida histórica. A liberdade supõe a superação da Filosofia?

Em outros termos, o filósofo deve se propor à sua própria supressão, já que a Filosofia atual, consciente da liberdade que falta, ocorre ou vive a partir da iminência de sua própria morte? A questão proposta por Fausto Castilho é de grande pertinência, alcance e oportunidade, pois, no limite, ele pergunta pelo sentido atual da Filosofia e pelo lugar do filósofo. A pergunta parece ter sido a motivação da Conferência, mas a motivação da própria pergunta parece ser, ao menos em parte, a separação entre marxismo e existencialismo como sendo a distinção entre Filosofia e ideologia.

A justificativa dessa distinção é importante para o entendimento correto da posição do filósofo e do lugar da Filosofia, sobretudo na atualidade. O filósofo consciente de sua posição histórica, e que por isso considera o marxismo a única filosofia possível enquanto expressão de sua época, é alguém que deve deslocar-se de seus privilégios teóricos e assumir o compromisso de viver uma experiência política concreta. Não é possível pensar a posição do filósofo no contexto da filosofia contemporânea dos anos 1960 sem considerar o problema da Argélia e a significação do colonialismo, em suas várias manifestações. Assim como não é possível pensar o mundo em que vivemos sem levar em conta a injustiça, a desigualdade e a opressão, que ocorrem de diferentes modos em várias partes do mundo. Pode-se dizer, apelando para mais um paradoxo, que o marxismo é necessário, mas não é suficiente, ao menos como estrutura teórica defendida pelo sistema. É como se a Filosofia necessitasse de um parasita que, agregando-se a ela e dela dependendo, desempenha, no entanto, a função de fazer que a Filosofia não esqueça, na elaboração de seu arcabouço conceitual, o movimento concreto que a anima de fato. A necessidade da crítica deriva de que o marxismo adoeceu de dogmatismo, e pouco falta para que essa rigidez venha a ser a sua morte. O existencialismo traz a possibilidade de que o sufocamento conceitual da Filosofia se transforme numa respiração mais livre, ao ar livre da realidade.

Nesse sentido, a questão da liberdade é inevitavelmente atravessada, por dentro, pela alienação e suas consequências. Daí a relação entre liberdade e negação: pensar o homem livre supõe *negar* os obstáculos à liberdade. Se vier a ser eventualmente afirmada, e de modo completo, a tentativa de realização da liberdade passará pela negação de tudo que a impede de acontecer. Por isso Sartre menciona as filosofias "retrógradas", "liberais" e "fascistas", que defendem a desumanização e postulam a barbárie. O compromisso inerente à liberdade, que sempre foi o de lutar contra a adversidade, consiste principalmente em assumir a humanização como o objetivo teórico e prático.

O que supõe uma posição muito bem definida, e que parece ser uma das intenções relevantes da Conferência: *o homem nunca pode ser objeto para outro homem*. Além da crítica aos pressupostos cientificistas das ciências humanas e aos equívocos do marxismo (notadamente a dialética da natureza), o que ressalta desse enunciado é uma ética da existência histórica configurada como intersubjetividade. Só se pode *compreender* o outro recusando a objetivação, que equivale à reificação e à destituição da humanidade do homem. Somente o reconhecimento compreensível é compatível com a consciência de si e do outro. Duas posições que só podem ser assumidas ao mesmo tempo, pois compreender e agir com o outro é "uma única e mesma coisa".

Trata-se da condição para "reencontrar o homem". Nesse propósito está incluída a superação da Filosofia, se a entendemos como o conhecimento justificador da realidade dada e que oculta o homem a ele mesmo. Mas o que virá a seguir, e mesmo a tarefa inerente a tal superação, como podem ser entendidos senão como Filosofia, como a tentativa de compreender a aventura humana precisamente naquilo em que ela escapa à "clareza e distinção", isto é, como processo irrealizado, talvez irrealizável? E não será a Filosofia a compreensão irrealizada da condição humana enquanto

processo cujo "fim" (da história) não pode ser concebido? Provavelmente aí se encontra o segredo do que Sartre chama de "antropologia dialética".

As palavras do filósofo, sempre oportunas e historicamente pertinentes, pronunciadas numa pequena cidade que por momentos se torna o coração partido da América Latina, ecoam a responsabilidade decorrente de uma liberdade assumida com coragem, e alimentada pelo otimismo proveniente do acontecimento recente: a Revolução Cubana, a prova de que o futuro está aberto à invenção da liberdade. Liberdade e responsabilidade se reúnem no mesmo ato criador. Não há como relacionar de modo mais forte existência, história, ética e política.

Franklin Leopoldo e Silva
Professor aposentado do Departamento de
Filosofia da FFLCH da USP
Professor da Faculdade de Filosofia de São Bento

Apresentação à edição original

Ao trazer a público o texto original e a tradução da conferência que Jean-Paul Sartre pronunciou em 1960 na Faculdade de Filosofia, Ciências e Letras de Araraquara (hoje Instituto de Letras, Ciências Sociais e Educação), a Universidade Estadual Paulista não deseja apenas comemorar a primeira década de sua existência como instituição de ensino superior. Pretende muito mais. Interessada em participar ativamente da vida científica e cultural brasileira e atenta aos grandes movimentos de ideias que organizam o mundo de hoje, quer recuperar e oferecer ao grande público e aos estudiosos de Filosofia e ciência um documento de raro valor teórico.

De fato, a ida de Jean-Paul Sartre a Araraquara — uma típica cidade do interior paulista, distante cerca de trezentos quilômetros da capital — teve a marca do ineditismo. Foi, por assim dizer, um *grand événement*. Por suas incômodas posições em relação à dialética e à própria Filosofia enquanto tal, Sartre representava, no início dos anos 1960, uma espécie de ponto de inflexão da história do pensamento teórico contemporâneo. Além do mais, era um homem de ação, um escritor instigante, um crítico implacável da sociedade capitalista. Um intelectual com todas as letras. Vindo ao Brasil, trazia consigo os ecos de um debate que movimentava

os círculos culturais europeus; colocava-nos, de certa forma, em melhor sintonia com o mundo. A Faculdade de Filosofia de Araraquara, então recém-inaugurada, foi o palco de uma de suas mais interessantes intervenções em nosso país. O evento ficou incorporado ao patrimônio da instituição, como que a revelar todo o potencial – quase sempre represado e muitas vezes desconhecido ou minimizado – do ensino universitário implantado nas regiões mais afastadas das grandes capitais. Afinal, não foi por mero acaso que acontecimento tão relevante tenha tido como promotora uma instituição não propriamente situada no "coração" do sistema intelectual brasileiro.

Vivendo agora em nova fase, a Unesp deseja preservar a memória e o patrimônio dos antigos institutos isolados que nela se integraram em 1976 e que representam um marco na história da educação universitária em São Paulo. Acredita estar cumprindo esse papel ao editar a íntegra desta inédita conferência, transformando-a em "peça viva". Registra assim, de forma elevadamente acadêmica, seu décimo aniversário.

São Paulo, julho de 1986
Professor Jorge Nagle
Universidade Estadual Paulista

Introdução

Há vinte e seis anos [1960], no auge de sua carreira, tendo já publicado algumas de suas mais importantes obras literárias e divulgado o principal de sua produção filosófica (em Paris acabara de sair a tão esperada *Critique de la raison dialectique*), Jean-Paul Sartre, acompanhado de Simone de Beauvoir, desembarcava no mês de agosto em Recife, onde, como convidado especial, participaria do I Congresso de Crítica e História Literária. Era o início de mais uma agitada e atenta peregrinação a enriquecer o currículo filosófico-turístico-político do casal. Mas para muitos de nós, jovens brasileiros que mal franqueáramos a fronteira dos vinte anos, era a ocasião única para um contato imediato com esse fascinante personagem, ao mesmo tempo tão familiar, já que de há muito nos iniciava no difícil exercício do pensamento, e tão distante, parecendo mesmo provir de uma dimensão outra. Sempre acolhido por multidões de universitários curiosos e entusiasmados, perseguido por batalhões de jornalistas frenéticos e cortejado por legiões de intelectuais extasiados, o então *superstar* do pensamento iria consagrar-se, durante dois meses, à descoberta do nosso país, que atravessaria de norte a sul, ao mesmo tempo que desenvolveria atividade múltipla nas principais cidades. No Rio, em São Paulo,

em Porto Alegre, em Salvador, daria entrevistas, visitaria terreiros de candomblé, faria conferências, concederia autógrafos em tardes concorridas, participaria de debates com a classe teatral e, em São Paulo, com líderes sindicais com os quais conversaria durante horas tomando apontamentos em um singelo caderninho como um colegial aplicado.

De todas as conferências pronunciadas na ocasião, a única dedicada à Filosofia é esta cujo texto colocamos agora à disposição do leitor brasileiro. Proferida em Araraquara a convite e em resposta a uma questão formulada por Fausto Castilho, então professor de Filosofia na recém-instalada faculdade local, a conferência despertou enorme interesse, mobilizando para aquela cidade do interior paulista grande número das chamadas personalidades do nosso mundo cultural de então. Além desta fala "sobre a dialética", como a ela se refere Simone de Beauvoir no relato nem sempre bem-humorado que insere a respeito em seu livro *A força das coisas*, Sartre também manteve um debate, no antigo Teatro Municipal da cidade e a convite de estudantes, sobre diversas questões políticas então na ordem do dia.[1] Embora desse debate também haja registros, limitamo-nos aqui a reproduzir a conferência *inédita* "sobre a dialética". Pondo de lado a crônica dos eventos e apenas abrindo caminho à eloquência suficiente tanto do material iconográfico reproduzido no final deste volume quanto àquela que é própria ao texto,

---

1 A propósito desse outro evento, conta Simone de Beauvoir: "Em Araraquara, Sartre engoliu alguns sanduíches e por volta das duas horas entrou no anfiteatro coberto de faixas: 'Viva Cuba! Viva Sartre! Falastes dos *bohios*: falai das favelas'. Os estudantes discutiram com Sartre sobre as possibilidades, no Brasil, de uma revolução análoga à de Castro. Sartre colocou-lhes questões sobre as Ligas Camponesas, falou-lhes da necessidade de uma reforma agrária" (*La Force des choses*. Paris: Gallimard, 1963, p.569).

tentemos recompor brevemente o cenário político-filosófico dentro do qual se produziu a fala.

Do ponto de vista político, dois foram os temas principais das conferências aqui pronunciadas: o "colonialismo" e a revolução "anti-imperialista". Ou seja, Argélia e Cuba, as duas grandes frentes de batalha do momento. Como não podia deixar de ser. Sobre Cuba, onde estivera alguns meses antes nesse mesmo ano de 1960, a convite de Fidel Castro, o nosso hóspede transmite com entusiasmo ao público sua simpatia incondicionada pela então jovem Revolução. Das conversas com Castro e Guevara, além das observações em toda a ilha, Sartre não podia deixar de sair contagiado. É a "lua de mel" da Revolução, proclama, seduzido pelo fervor combatente desse instante inaugural, o pensador que se esforçara justamente por apreender, nas páginas da *Critique*, a lógica própria a momentos como este, marcados por intensa criatividade histórica. A façanha inaudita dos jovens barbudos, que já conquistara definitivamente a imaginação de toda uma geração no mundo inteiro e em especial na América Latina, ganha o seu primeiro grande propagandista internacional. Nas páginas do panfleto *Furacão sobre Cuba*, no qual descreve os incipientes esforços de construção da nova sociedade cubana, assim como nas conferências que pronunciara pelo Brasil afora, Sartre confirma a expectativa geral e reforça as esperanças. Para aqueles que não aceitavam a condição de miséria e exploração a que parecia condenado todo o continente e que se sentiam irresistivelmente atraídos pelo processo cubano, o vitorioso modelo ganhava uma consagração, por assim dizer, teórica. Feliz conjugação entre a força plasmadora de uma nova realidade e a magia de uma palavra inspirada...

Na outra frente de batalha, o nosso *maître à penser*, como então se dizia, não deixava por menos. Plenamente envolvido na luta cada vez mais encarniçada pela independência da Argélia, lançava-se igualmente à propaganda em favor da Frente de Libertação

Nacional (FLN), com a qual mantinha estreitos vínculos através do famoso *réseau* Jeanson que atuava na metrópole dando apoio político e logístico aos combatentes da colônia. Em outubro, quando ainda se encontrava no Brasil, o número da revista *Les Temps Modernes* dedicado à causa da independência argelina era apreendido pelo governo do general De Gaulle, que ainda resistia à ideia de ver os argelinos assumindo a gestão do seu próprio destino nacional. Enquanto isso, a extrema direita, que lutava por uma Argélia francesa, investia contra o filósofo: cerca de 5 mil antigos combatentes da Segunda Guerra organizavam manifestação em plena avenida dos Champs-Élysées durante a qual, entre outros truculentos *slogans*, vociferavam: "Fuzilem Sartre".

* * *

É necessário não esquecer esses pontos de referência se quisermos acompanhar mais de perto o trabalho propriamente filosófico que se achava em curso e de que o texto que ora apresentamos é uma expressão genuína. A *Crítica da razão dialética*, cuja recente publicação acabara de trazer de volta o seu autor para o primeiro plano da ribalta filosófica, constitui o coroamento, com suas 775 páginas, de todo um rico e intenso período. Ao mesmo tempo que representa a retomada da investigação propriamente filosófica, constitui-se na resposta sistemática às indagações acumuladas ao longo de um atribulado namoro feito não apenas de um incessante diálogo crítico com o marxismo, como de aproximações, afastamentos e quase ruptura com o Partido Comunista Francês.

A história é conhecida. Desde *O ser e o nada*, obra também volumosa que, em 1943, consagrara-o como expoente máximo do chamado "existencialismo" francês, Sartre silenciara em termos filosóficos. A guerra, da qual participará como recruta e durante a qual será feito prisioneiro, vai marcá-lo profundamente. É dele

mesmo a avaliação: "O que vejo de mais claro em minha vida é uma cesura que faz que haja dois momentos quase completamente separados até o ponto em que, estando no segundo, não me reconheço muito bem no primeiro, isto é, antes da guerra e depois".[2] A partir de então assistiremos a uma acentuação da sua preocupação com a política e com a questão da condição sócio-histórica do homem, assim como às suas sucessivas tentativas de atuação política efetiva. Aquele que proclamara o homem "paixão inútil" nas páginas finais de *O ser e o nada* parecia unicamente preocupado, graças à ostensiva conversão a um ativismo apaixonado, em desfazer a má impressão anterior. Em alguém como Sartre, evidentemente, para o qual a Filosofia não era um mero pecado de juventude, todas as tomadas de posição face à política cotidiana não podiam deixar de reclamar um aprofundamento ou uma tradução teórica, e logo veríamos surgir, nas páginas de sua tribuna, *Les Temps Modernes*, o ensaio sobre a "Questão de método" que seria incorporado posteriormente à *Critique*. Esta última, finalmente, constituindo apenas parte de um plano bem mais ambicioso,[3] refletirá toda a experiência

---

[2] Em "Auto-retrato aos setenta anos", entrevista concedida a Michel Contat e publicada pelo *Nouvel Observateur* em seus números de 23 de junho, 30 de junho e 7 de julho de 1975. Republicado em *Situations X*, p.175.

[3] Mais precisamente, a sua primeira parte. O plano inicial previa um segundo volume que nunca foi completado – e do qual estão sendo somente agora publicados na França os rascunhos – e no qual Sartre deveria enfrentar a questão do sentido da História. Na introdução da *Critique*, ele assim se refere ao projeto: "O tomo I da *Crítica da razão dialética* se detém no momento mesmo em que atingimos o 'lugar da história', isto é, que nele buscaremos exclusivamente os fundamentos inteligíveis de uma Antropologia estrutural – na medida em que, obviamente, essas estruturas sintéticas constituem a condição mesma de uma totalização em curso e perpetuamente orientada. O tomo II, que a ele logo se seguirá, retraçará as etapas da progressão crítica: tentará estabelecer

política acumulada nos últimos anos e abrirá novas perspectivas filosóficas que levarão, sem dúvida, para longe da ótica inicial.

À primeira vista a mutação é mesmo radical. A começar pela própria terminologia. De todo aquele sofisticado jargão com o qual, em *O ser e o nada*, o nosso fenomenólogo recheava saborosas descrições do vivido – e que parecia, por vezes, destinado apenas a exibir a boa formação filosófica do brilhante *agregé* – já não sobra absolutamente nada. O "*Pour-Soi*" e o "*En-Soi*", por exemplo, que protagonizavam o drama anterior, só comparecem uma única vez na *Critique* e assim mesmo numa pequena nota. Já não mais se fala em "*néantisation*", "*Facticité*", em "*ek-stases* temporais" etc. Os nomes agora, não menos pomposos, são outros: "práxis", "prático-inerte", "dialética constituinte" e "constituída", "escassez", "séries", "grupos" etc. Até que ponto, porém, essa transformação do aparato vocabular seria o indício seguro de uma ruptura a um nível mais profundo? Não seria ela, ao contrário, apenas comandada pela modificação do objeto de estudo a reclamar necessariamente novos instrumentos conceituais adequados?

É certo que a preocupação já não é com a analítica existencial. Já não se trata mais de explicitar as estruturas fundamentais e extra-históricas do existente humano enquanto tal. Trata-se agora da determinação dos fundamentos de uma Antropologia "estrutural e histórica", da fundamentação de uma dialética social e da fixação dos princípios que presidem a todo acontecer histórico. Como pensar o "homem histórico concreto", como entender o procedimento desse agente livre (embora historicamente alienado), como proceder ao "deciframento dialético da História" humana e como dar conta da inteligibilidade da "práxis" coletiva? Eis o novo terreno no qual se movimentam as novas questões. Mas a própria mudança

---

que há uma história humana com uma verdade e uma inteligibilidade" (*Critique de la raison dialectique*. Paris: Gallimard, 1960, p.156).

de objeto e de terreno não implicaria necessariamente, como não deixaram de observar os comentadores, um abandono das posições anteriores que pareciam desembocar em um inapelável niilismo difícil de conciliar com a adesão, na *Critique*, a uma perspectiva que supõe como possível a "liberação" histórica do homem?

Em contrapartida, ao leitor atento também não passou despercebida a persistência de certos temas e antigas obsessões. "Liberdade": eis ainda uma palavra-chave que continua gozando do maior prestígio. A própria "dialética", por exemplo, é batizada como "lógica da liberdade".[4] O "projeto" continua igualmente como instância fundamental a caracterizar a livre práxis individual, essa "dialética constituinte" que é o grande modelo de inteligibilidade para toda e qualquer ação histórica concreta envolvendo uma multiplicidade de práticas muitas vezes antagônicas. E se antes, tal como era defendido na famosa conferência, o "existencialismo" era um "humanismo", embora agora já não se insista demais no termo "existencialismo", a perspectiva crítica continua sendo "humana" (demasiado humana mesmo, para o gosto de alguns). O "humanismo", enfaticamente reafirmado, reaparece agora na forma da fundamentação da Antropologia que busca recuperar a "insuperável singularidade da aventura humana",[5] revitalizando um marxismo esclerosado e abstrato e devolvendo-o ao concreto. Tantas são, afinal, as continuidades que não faltou a crítica oposta àquela anteriormente mencionada. Houve quem não deixasse de acusar Sartre, apesar de todos os seus esforços de integração no universo do marxismo, de continuar o mesmo. Sob o novo disfarce "dialético" e um "marxismo", aliás, "imaginário", como diria Aron, despontaria inconfundível o velho "existencialista". Daí a alternativa: *ruptura incapaz de se assumir como tal ou continuidade travestida?* O dilema,

---

4 *Critique...*, op. cit., p.156.
5 *Questão de método*. São Paulo: Abril, 1978, p.189. (Os Pensadores)

que de certa forma compõe o trivial variado de todo historiador da Filosofia preocupado com a arquitetônica dos sistemas, assume no caso de Sartre, como se vê, uma figura quase canônica.

Ora, o texto que apresentamos fornece justamente, entre outras coisas, uma nítida contribuição ao debate. Nele encontramos o testemunho do próprio Sartre a respeito da questão e ele se pronuncia, como verá o leitor, com a maior clareza a favor da hipótese da continuidade do seu pensamento.[6] Se tal declaração não implica resolução da dúvida, fornece pelo menos um elemento importante, já que apresenta a visão, evidentemente não negligenciável, que o próprio autor tem a respeito da sua evolução filosófica.

Que todo esse debate não tem interesse apenas para o historiador da Filosofia é, por outro lado, uma obviedade que certamente nem precisa ser enfatizada. A história das relações que a Filosofia e o pensamento político mantêm com o marxismo (que o caso de Sartre ilustra de maneira exemplar), além de ser um pouco a história de toda uma geração, ou seja, de cada um de nós, continua, totalidade-destotalizada, *embora em condições profundamente alteradas*, a se confundir com o horizonte das nossas lutas cotidianas. É verdade que houve um período durante o qual a leitura sartriana do marxismo e sua tentativa crítica pareciam definitivamente caídas em desgraça. Era a avassaladora onda althusseriana com o seu horror por tudo aquilo que, na leitura de Marx, cheirasse a "antropologismo". Passada a moda "estruturalista" (e outras mais), chegou agora a ocasião propícia para o retorno sereno a um momento dos mais ricos em toda essa história e de que *Critique*, ao lado das *Aventures de la dialectique*, de Merleau-Ponty, constituem os documentos mais expressivos. Do nosso ponto de vista, a volta a esse momento, proposta com a publicação deste inédito, não se confunde evidentemente com uma tentativa qualquer de reabilitação da perspectiva

---

6 Ver mais adiante, à p.99.

ou das teses sartrianas, assim como não se reveste do caráter de uma nostálgica cerimônia comemorativa. Ela pode e deve ser mais do que isso. Apenas para os tolos é difícil perceber que a leitura deste texto, concordemos ou não com as propostas nele contidas, não é desprovida de interesse para o atual processo de reavaliação crítica do marxismo e que, portanto, ao contrário daquela famosa "paixão", uma tal leitura está longe de ser tarefa "inútil".

* * *

Quanto ao estabelecimento do texto não podemos também deixar de prestar alguns esclarecimentos. Esta conferência já tinha sido por nós traduzida em 1963, não tendo sido possível, na ocasião, a sua publicação. Vieram depois anos difíceis que nos obrigaram a deixar este nosso trabalho em segundo plano. Retomando agora em parte e em parte reformulando o texto inicial da tradução, foi nosso propósito conservar o máximo possível de fidelidade à *fala* do conferencista, cuja gravação em fita magnética foi a base para a reconstituição do texto francês original, que aqui também reproduzimos. Aproveitamos a ocasião para agradecer à sra. Fleurette Tréfaut, à qual devemos a trabalhosa reconstituição e estabelecimento inicial do texto francês com base na gravação da fita.[7] É preciso esclarecer finalmente que tanto a divisão do texto da tradução em duas partes quanto a fixação dos títulos e intertítulos são de responsabilidade do tradutor e foram concebidas por ocasião da primeira tradução.

São Paulo, junho de 1986
Luiz Roberto Salinas Fortes

---

7 Agradecimentos também devem ser dirigidos a Rosa Maria Gama Rodrigues e Carmem Sylvia Guedes e particularmente ao professor Luiz Antonio Amaral, cuja contribuição foi indispensável para a definitiva reconstituição do texto francês.

A conferência de Araraquara

La conférence dont la traduction en langue portugaise nous présentons ensuite fut prononcée en réponse à une question posée originalement en français par le professeur Fausto Castilho qui, à cette époque, faisait son cours de Philosophie dans la Faculdade de Filosofia, Ciências e Letras de Araraquara (SP). La question fut la suivante:

> Depuis 1943 nous connaissons les termes par lesquels vous définissez le philosophe et les rapports qui se nouent dans l'histoire entre lui et son oeuvre – l'Histoire, c'est-à-dire la limite infranchissable à la fois pour le subjectif et pour l'objectif. Toutefois, dans la *Question de méthode* et plus récemment encore dans la *Critique* vous rénoncez formellement au nom de *philosophe*. Faut-il se demander si une déclaration de telle sorte n'implique pas chez vous une nouvelle idée des rapports entre le subjectif et l'objectif? Et comment peut-on se dire un idéologue aujourd'hui et cependant ne pas tomber dans les difficultés que Marx signale à propos de toute idéologie? En somme, peut-on jamais dépasser la Philosophie sans la réaliser?

Nota dos editores

A conferência cuja tradução em língua portuguesa apresentamos a seguir foi pronunciada como resposta a uma pergunta formulada originalmente em francês pelo professor Fausto Castilho, que lecionava Filosofia, na ocasião, na então Faculdade de Filosofia, Ciências e Letras de Araraquara (SP). A pergunta foi a seguinte:

> Desde 1943 conhecemos os termos em que o senhor define o filósofo bem como os vínculos que se estabelecem, na história, entre ele e sua obra – a História, isto é, o limite intransponível ao mesmo tempo para o subjetivo e para o objetivo. Contudo, na *Questão de método* e mais recentemente ainda na *Crítica (da razão dialética)*, o senhor renuncia formalmente ao nome de *filósofo*. Devemos perguntar se tal declaração não implica, para o senhor, uma nova ideia das relações entre o subjetivo e o objetivo? E como dizer-se ideólogo, hoje, e, entretanto, não cair nas dificuldades que Marx assinala a propósito de toda ideologia? Em suma, é possível superar a Filosofia sem realizá-la?

Primeira parte
Filosofia e ideologia

L'idée de réalisation de la Philosophie est une notion marxiste. Il est arrivé au XIXème siècle un fait capital, c'est que la Philosophie est devenue pratique, c'est-à-dire, qu'elle engage totalement le philosophe, qu'elle n'est pas seulement pour lui une vue du monde, une connaissance dogmatique ou relativiste, mais qu'elle est en même temps une action sur le monde; dans ce sens qu'elle naît de l'action et qu'elle prépare l'action.

C'est Marx qui est le premier à avoir établi ce fait et par conséquent à avoir fait sa révolution philosophique. Non pas, certes, que la Philosophie n'était pas cela avant, mais elle ne se connaissait pas pour telle. Il n'est pas douteux que l'on peut voir le sens pratique du rationalisme cartésien ou du rationalisme kantien, aussi bien que de certaines formes d'irrationalisme; on peut voir qui ces philosophies servent, on peut voir qu'est-ce qu'elles expriment et on peut voir ce qu'elles permettent de faire. Mais on peut le voir, aujourd'hui, après Marx, et avec des techniques de restitution, c'est-à-dire, dans l'histoire elles n'ont pas été vécues comme telles, elles n'ont pas été conscientes comme telles, alors qu'elles étaient telles; autrement dit, il n'y a pas eu, il n'y a jamais eu de Philosophie purement contemplative qui ne soit précisément parce qu'elle

A filosofia marxista

A ideia de realização da Filosofia é uma noção marxista. Verificou-se no século XIX um fato capital: a Filosofia tornou-se *prática*. Tornou-se prática, ou seja, compromete totalmente o filósofo, não é para ele apenas uma visão do mundo, um conhecimento dogmático ou relativista, mas é, ao mesmo tempo, uma ação sobre o mundo, no sentido de que nasce da ação e prepara a ação.

Marx foi o primeiro a estabelecer esse fato, realizando, assim, sua revolução filosófica. Não que a Filosofia não fosse prática anteriormente, mas, embora o fosse, não se conhecia como tal. Não resta dúvida de que podemos ver o sentido prático do racionalismo cartesiano ou do racionalismo kantiano, bem como o de certas formas de irracionalismo. Podemos ver a quem servem essas filosofias, podemos ver o que exprimem e o que permitem que se faça. Mas pode-se ver isto, hoje, depois de Marx e com técnicas de restituição; isto é, na história não foram vividas como tais, não foram conscientes como tais, embora fossem isso. Dizendo de outra maneira: não houve, nunca houve Filosofia puramente contemplativa que não seja, precisamente por ser contemplativa, uma certa maneira de criar um desencaminhamento

était contemplative, une certaine façon de créer un détournement de l'action ou, au contraire, de donner à une certaine classe de clercs une prédominance, ou, au contraire, qui tentait d'exprimer une certaine politique.

Mais, cette connaissance pratique de la Philosophie, qui fait que le philosophe est un homme qui doit s'engager jusqu'au bout, tout simplement parce qu'il est déjà, et qu'il doit pouvoir, en tout cas, répondre devant tous de sa philosophie comme de ses actes. Et, en réalité, c'est une notion qui a été dans le marxisme un peu escamotée par l'idée de réalisation de la Philosophie. Car, en somme, si la Philosophie est pratique, si elle représente en effet un cheminement de l'action et de la pensée et une transformation de l'homme, elle doit, dit Marx, se réaliser; se réaliser, c'est-à-dire, devenir monde. Ce qu'elle dit doit devenir ce qui est. Elle fait en même temps qu'elle dit. Donc, viendra le moment où le devenir-monde de la Philosophie sera à la fois la réalisation totale de la Philosophie et sa disparition, car il n'y aura plus lieu pour Philosophie puisqu'il y aura un monde d'hommes.

À mon avis, cette manière de voir l'évolution de la Philosophie est un peu optimiste et plus hegelienne que marxiste. Elle a d'ailleurs, je crois, une racine philosophique hegelienne, car Hegel voyait aussi, à la fin de l'Histoire, la réalisation de la Morale, c'est-à-dire, que l'ensemble des valeurs, des impératifs ou des problèmes moraux qui se posaient à l'homme, idéalistement, il les voyait entièrement résolus à la fin de l'Histoire, par le sujet absolu, historique, c'est-à-dire, qu'on agirait moralement par détermination spontanée totale, ce qui suppose que, en tant que valeur, en tant que prescription, en tant qu'impératif, la morale disparaît en se réalisant.

En fait, il me paraît que ces deux idées, l'idée d'une réalisation de la Philosophie et l'idée d'une nécessité pour la Philosophie de se dévoiler comme pratique sont deux idées un peut différentes.

da ação ou, ao contrário, uma maneira de dar a uma classe determinada de clérigos um predomínio ou a tentativa de exprimir uma dada política.

Mas esse conhecimento prático da Filosofia faz do filósofo um homem que deve se comprometer até o fim, pura e simplesmente porque já está comprometido e deve, assim, responder, em cada caso, diante de todos por sua filosofia como por seus atos. Na realidade, é uma noção que, no marxismo, foi um pouco escamoteada pela ideia de realização da Filosofia. Pois, afinal, se a Filosofia é prática, se ela representa efetivamente um encaminhamento da ação e do pensamento e uma transformação do homem, ela deve, diz Marx, realizar-se; realizar-se, isto é, tornar-se mundo. O que ela diz tem de se tornar o que é. Ela faz ao mesmo tempo que diz. Virá, portanto, o momento em que o tornar-se mundo da Filosofia será a um só tempo a realização total da Filosofia e seu desaparecimento, pois não haverá mais lugar para Filosofia, visto que haverá um mundo de homens.

Para mim, essa maneira de ver a evolução da Filosofia é um pouco otimista e mais hegeliana que marxista. Ela tem, aliás, creio eu, uma raiz filosófica hegeliana, pois Hegel via também, no final da História, a realização da Moral. Isto é, o conjunto dos valores, dos imperativos ou dos problemas morais que se colocavam para o homem, ele os via, de maneira idealista, inteiramente resolvidos no final da História pelo sujeito absoluto histórico; isto é, atuar-se-ia moralmente por determinação espontânea total, o que supõe que, como valor, como prescrição, como imperativo, a Moral desapareceria ao se realizar.

Na realidade, parece-me que essas duas ideias, a ideia de realização da Filosofia e a ideia da necessidade para a Filosofia de se desvelar como prática, são duas ideias um pouco diferentes entre si. E creio que mais vale que nos atenhamos antes à primeira do

Et je crois qu'il vaut mieux se tenir à la première qu'à la seconde. Porquoi? C'est parce que cette idée de la réalisation progressive, du devenir-monde d'une philosophie, est beaucoup plus hegelienne et idéaliste dans son contenu profond que marxiste. Marx n'envisage que des contradictions et des ruptures, il n'envisage pas le développement d'une chose qui serait *la* Philosophie, pas plus qu'il n'imagine le développement d'un être qui serait *l'*homme ou d'une espèce qui serait *l'*humanité. En aucun cas Marx n'a voulu se payer de ces objets abstraits. Par conséquent, en fait, pourquoi parler de *la* Philosophie, comme si la Philosophie était une réalité qui se developpait depuis qu'il y a des hommes et qui devait, en somme, courir vers sa fin? Pourquoi ne pas plutôt voir ce qui en est, c'est qu'il y a *des* philosophies. Des philosophies qui apparaissent à certains moments essentiels de l'histoire, ceux où la classe montante se découvre et possède en même temps une partie des instruments de la connaissance. Dans ces moments, comme par exemple au XVIIème siècle, lorsque la bourgeoisie d'Europe, après un certain nombre d'échecs, pouvait concevoir un développement d'elle-même, au temps ou en même temps que la bourgeoisie du capitalisme commercial pensait d'être protégée par la monarchie absolue, apparaît un rationalisme bourgeois. Ce rationalisme bourgeois qui au fond est porteur de toutes les revendications bourgeoises, car, la raison bourgeoise elle-même, c'est la raison de la science et c'est la raison de l'homme qui veut commander, qui veut gagner, qui veut établir son profit, cette raison bourgeoise s'est développée tout autant du XVIIème et au début du XVIIIème siècle, tout autant qu'il y a eu des hommes qui répondaient à la condition même du bourgeois d'époque, c'est-à-dire, un homme à la fois conditionné par sa situation, par ses intérêts, par ses connaissances et par ses revendications. En ce sens il y a eu un moment philosophique que j'appelerais "le rationalisme de Locke et de Descartes". Peu nous importe que l'un soit un empirisme

que à segunda.[1] Por quê? Porque essa ideia da realização progressiva, do tornar-se mundo de uma filosofia, é muito mais hegeliana e idealista, em seu conteúdo profundo, do que marxista. Marx nada mais considera além de contradições e rupturas, não encara o desenvolvimento de uma coisa que seria *a* Filosofia, assim como não imagina o desenvolvimento de um ser que seria *o* homem ou de uma espécie que seria *a* humanidade. Em nenhuma circunstância, Marx quis se contentar com esses objetos abstratos. Por conseguinte, por que falar *da* Filosofia como se a Filosofia fosse uma realidade se desenvolvendo desde que houve homens, devendo, em suma, correr na direção de seu fim? Por que não ver, antes, que o que há são *filosofias*? Filosofias que surgem em certos momentos essenciais da história, aqueles em que a classe em ascensão descobre-se e, ao mesmo tempo, tem a posse de uma parte dos instrumentos do conhecimento. Nesses momentos, como no século XVII, quando a burguesia da Europa, depois de um certo número de malogros, podia conceber o seu autodesenvolvimento, quando, ao mesmo tempo, a burguesia do capitalismo comercial pensava estar protegida pela monarquia absoluta, aparece um racionalismo burguês. Esse racionalismo burguês, portador, no fundo, de todas as reivindicações burguesas, pois a própria razão burguesa é a razão da ciência, é a razão do homem que quer comandar, que quer ganhar, que quer estabelecer seu lucro, essa razão burguesa desenvolveu-se no século XVII e no começo do século XVIII enquanto houve homens que correspondiam à condição do próprio burguês da época, isto é, um homem a um só tempo condicionado por sua situação, por seus interesses, por seus conhecimentos e por suas reivindicações. Nesse sentido, houve um momento filosófico que chamarei "o racionalismo de Locke e de Descartes". Pouco importa

---

[1] Pelo contexto, como fica claro a seguir, o inverso seria verdadeiro, isto é, "que nos atenhamos antes à segunda do que à primeira". (N. T.)

et l'autre non, ce qui avait de particulièrement important c'était l'apparition de l'arme analytique. C'est-à-dire, l'apparition de l'arme qui, contre les vieilles synthèses traditionnelles de l'aristocratie féodale, cherche à démonter, à supprimer ou à diviser en concepts. Cette doctrine a fait place, vous le savez, à une pensée toute différente, qui est la pensée du XVIIIème siècle, des "philosophes", en ce sens qu'elle était beaucoup plus pratique, beaucoup plus enfoncée dans le peuple et dans la bourgeoisie. Mais, en fait, c'est la même. Elle a cédé sur un plan, elle n'était plus valable au point de vue physique; la découverte de la gravitation universelle par Newton a sonné le glas du cartésianisme mathématique; vous avez après un empirisme philosophique, mais toujours analytique et révolutionnaire. C'est le même, mais qui ne colle plus tout à fait. Jusqu'à ce que nous ayons une nouvelle forme de bourgeoisie, en même temps qu'une nouvelle forme de développement de la Physique et une nouvelle forme de pensée philosophique, c'est Kant et Hegel, c'est-à-dire le moment où vraiment il s'agit d'intégrer à la Philosophie la science physique. Mais, en même temps, le moment où toute la destruction sociale opérée théoriquement par des concepts est en même temps opérée par la force, c'est-à-dire par la Révolution Française.

Vous voyez que la philosophie de Descartes ne s'est pas *réalisée* dans la philosophie de Kant, elle n'a pas non plus été dépassée par la philosophie de Kant: elle est morte. Elle est morte et une autre philosophie est venue; une autre philosophie qui, certes, peut s'inspirer de la première, la reprendre à l'intérieur d'elle même, mais qui tire l'ensemble de ses principes et de ses doctrines de toute autre chose. C'est-à-dire, d'une situation donnée de l'ensemble du monde. Car la Philosophie c'est la totalisation du savoir, des revendications et de la situation des forces d'une époque donnée.

La troisième philosophie de notre époque, en prenant les choses par l'ordre chronologique, c'est Marx. Or, de la même façon qu'une

que um seja empirista e o outro não. O que havia de particularmente importante era o aparecimento da arma analítica, isto é, o aparecimento da arma que, voltada contra as velhas sínteses tradicionais da aristocracia feudal, procura desmontar, suprimir, dividir em conceitos. Essa doutrina cedeu o lugar, os senhores sabem, a um pensamento inteiramente diferente, o pensamento do século XVIII, dos *philosophes*, no sentido de que, ao contrário do que o precede, este já era um pensamento muito mais prático, muito mais mergulhado no povo e na burguesia. Mas, na realidade, é o mesmo pensamento. Ele cedeu em um plano, já não era válido do ponto de vista da Física: o descobrimento da gravitação universal por Newton foi o toque de finados do cartesianismo matemático. Depois os senhores têm um empirismo filosófico, mas sempre analítico e revolucionário. É o mesmo, digo, mas que já não se encaixa inteiramente. Até que temos uma nova forma de burguesia ao mesmo tempo que uma nova forma de desenvolvimento da Física e uma nova forma de pensamento filosófico: é Kant e Hegel. Ou seja: o momento em que se trata de integrar verdadeiramente a ciência física na Filosofia. Mas, ao mesmo tempo, o momento em que toda a destruição social operada teoricamente por conceitos é, ao mesmo tempo, operada pela força, isto é, pela Revolução Francesa.

A filosofia de Descartes, como vemos, não se *realizou* na de Kant, da mesma maneira como não foi superada por ela: morreu. Morreu e veio uma outra filosofia, que, sem dúvida, pode ter nela se inspirado, retomando-a no interior dela mesma. Essa filosofia retirou, porém, os seus princípios e sua doutrina de outra coisa, a saber, de uma situação dada do conjunto do mundo, visto que a Filosofia é a totalização do saber, das reivindicações e da localização das forças de uma determinada época.

A terceira filosofia de nossa época, tomando-se as coisas pela ordem cronológica, é a de Marx. Ora, da mesma forma que uma filosofia explode sem ter sido realizada ou superada — e ela

philosophie éclate, et n'est pas dépassée ni réalisée, elle éclate quand le système économique-social qui l'a engendrée éclate, de la même façon quand ce système n'a pas encore éclaté, quand ce système existe toujours, quand ce système produit toujours ses mystifications, ses idées, ses revendications, ses hommes, la philosophie reste indépassable, qui est née au moment où ce système a pris conscience de lui-même. Autrement dit, la philosophie de Marx est aujourd'hui indépassable. Elle est indépassable comme fut indépassable le rationalisme cartésien du temps de Descartes, comme fut indépassable la pensée des idéalistes kantiens et post-kantiens au moment de la première Révolution Industrielle. Dans ces trois cas, nous constatons que l'indépassabilité fait que tout homme qui pense contre ce courant, qui pense dans une direction qu'il croit meilleure, plus avancée, retombe en-deçà. C'est-à-dire, qu'il retrouve une vieille philosophie, une philosophie périmée, alors qu'il voudrait aller plus loin. C'est ce qui arrive chaque fois que l'on veut, au nom du libéralisme, trouver une doctrine nouvelle de l'homme contre Marx: on retombe immédiatement à l'homme libéral du XVIIIème siècle, que les philosophes français, par exemple, Diderot, Helvétius ou d'autres ont défini.

De cette façon, cette pluralité des philosophies implique que le destin de la philosophie de Marx, comme celui de toutes les autres, est double: d'une part, il ne sera jamais dépassé tant que le régime et les hommes qui l'on fait n'auront pas changé. Nous sommes en période de capitalisme et il est peu important de le déclarer, ce qui est parfaitement vrai, qu'il y a une évolution constante du capitalisme, qu'il n'est jamais le même, qu'il change. Cela Marx et Lenine l'ont dit eux-mêmes, cela ne sert à rien de le dire, parce que le principe même du capitalisme et le type même d'homme de l'époque capitaliste restent constants. Dans ces conditions, la philosophie de Marx ne peut pas être dépassée. Quel que soit le type de paternalisme dont on use dans une usine (dans les usines américaines, par

explode quando o sistema econômico-social que a engendrou é destruído —, assim também, enquanto o sistema subsiste, produzindo ainda suas mistificações, suas ideias, suas reivindicações, seus homens, aquela filosofia, nascida no momento em que o sistema tomou consciência de si mesmo, permanece insuperável. Por outras palavras, a filosofia de Marx é hoje insuperável. E o é do mesmo modo como o fora o racionalismo cartesiano do tempo de Descartes ou o pensamento dos idealistas kantianos ou pós-kantianos no momento da Primeira Revolução Industrial. Nos três casos constatamos que a insuperabilidade faz que todo homem que pense contra essa corrente, que pense em uma direção que julga melhor, mais avançada, acaba recaindo aquém dela. Ou melhor, reencontra uma velha filosofia, uma filosofia morta, ao pretender ir mais longe. Isso ocorre sempre que se quer, em nome do liberalismo, encontrar uma doutrina nova do homem contra Marx: retorna-se imediatamente ao homem liberal do século XVIII, dos filósofos franceses, de Diderot, de Helvétius ou dos outros.

Assim sendo, essa pluralidade de filosofias implica que o destino da filosofia de Marx, a exemplo do de todas as demais, é duplo. De um lado, não será jamais superada enquanto o regime e os homens que a fizeram não tenham se modificado. Encontramo-nos em período de capitalismo e pouco importa declarar — o que, de resto, é perfeitamente exato — que há uma evolução constante do capitalismo, que ele nunca é o mesmo, que se modifica. Isso o próprio Marx e Lênin já disseram. De nada vale dizê-lo, pois o princípio mesmo do capitalismo e o tipo de homem da época capitalista permanecem constantes. Nessas condições, a filosofia de Marx não pode ser superada. Seja qual for o tipo de paternalismo de que se lance mão em uma empresa — nas empresas norte-americanas, por exemplo —, o fato do lucro e da mais-valia permanecendo, como na realidade ocorre, permanece o fato da exploração e, mesmo que

exemple), le fait du profit et de la plus-value restant, il y a le fait de l'exploitation et même, si l'ouvrier est moins misérable, il reste le produit de son produit et il faut donc une philosophie de l'aliénation. Il n'est pas possible d'en imaginer une autre. Et une philosophie de l'aliénation doit partir de l'aliénation comme réalité et non pas partir d'une notion d'homme molécule ou individu séparé des autres et rentrant ensuite dans un groupe social. De toute façon, toute philosophie qui ne part pas de la réalité, du conditionnement matériel et du conditionnement technique, toute philosophie qui ne prend pas comme point de départ l'homme total et qui ne prend pas l'ordre de Marx, marxiste, est une philosophie nécessairement rétrograde aujourd'hui.

Cela veut dire, par conséquent, qu'il ne peut pas y avoir en ce moment de *philosophes*. Et cela veut dire une autre chose, c'est qu'un jour le système marxiste éclatera comme les autres. Seulement, il éclatera parce qu'il sera remplacé par une philosophie de la *liberté*.

o operário seja menos miserável, ele continua sendo o produto de seu produto, o que exige, pois, uma filosofia da alienação. Não é possível imaginar outra. E uma filosofia da alienação tem de partir da alienação como realidade e não de uma noção de homem como molécula ou indivíduo separado dos outros, o qual, em seguida, ingressaria em um grupo social. Seja como for, toda Filosofia que não parte da realidade do condicionamento material e do condicionamento técnico, que não faz do homem total o seu ponto de partida e não segue a ordenação de Marx, é hoje uma Filosofia necessariamente retrógrada.

Isso significa, em consequência, que no momento presente não pode haver *filósofos*. E significa ainda outra coisa: um dia o sistema marxista explodirá como todos os outros. Mas explodirá porque será substituído por uma filosofia da *liberdade*.

Ou bien, Marx a dit un jour: *socialisme ou barbarie*. Ou l'homme sera capable de dominer les propres contradictions de sa réalité, de son économie. Alors il ne sera plus contraint de travailler par exploitation, il pourra envisager la reproduction de sa propre vie, comme un élement secondaire de toutes ses activités; l'abondance le permettra. Nous n'en sommes pas là comme vous le savez et nous parlons d'une chose purement hypothétique. Ou cela sera ainsi et alors la philosophie de l'aliénation avec tous ses concepts disparaît, ça ne veut pas dire qu'elle n'ait pas été vraie, elle a été parfaitement adaptée à la période antérieure, mais il faudra une philosophie de la liberté. Ainsi la prochaine étape, si nous sommes optimistes, de la Philosophie serait l'apparition d'une philosophie de la liberté.

Ou cette contradiction ne sera pas surmontée – *barbarie*, comme dit Marx – et alors c'est à la fois l'anémie et l'appauvrissement du marxisme, ce qui est un danger permanent du marxisme comme doctrine philosophique, et le pullulement de philosophies rétardataires du type libéral, pseudo-libéral ou fasciste.

Donc, nous voyons qu'il n'est pas question qu'elle se *réalise*, car la Philosophie ne comporte aucune réalisation possible. Lorsque Marx disait qu'elle se réaliserait, il entendait qu'un monde humain

Alienação e liberdade

Marx disse, certa feita: *ou o socialismo ou a barbárie*. Ou o homem será capaz de dominar as próprias contradições de sua realidade e de sua economia e, nesse caso, não será mais constrangido a trabalhar por exploração, podendo encarar a reprodução de sua vida como um elemento secundário entre suas atividades, pois a fartura o permitirá. Como sabem, ainda não chegamos até aí e falamos em uma coisa puramente hipotética. Se assim for, a filosofia da alienação, com todos os seus conceitos, desaparecerá. O que não quer dizer que não tenha sido verdadeira. Estava perfeitamente adaptada ao período anterior, mas nessa nova fase será preciso uma filosofia da liberdade. De maneira que a próxima etapa da Filosofia – se formos otimistas – há de ser constituída pelo aparecimento de uma filosofia da liberdade.

Ou, ao contrário, essas contradições não serão ultrapassadas – *barbárie*, como dizia Marx – e haverá então a anemia e o empobrecimento do marxismo – perigo que o ameaça constantemente como doutrina filosófica – e, a par disso, o pulular de filosofias retardatárias do tipo liberal, pseudoliberal ou fascista.

Vemos, assim, que não se trata da *realização* dessas filosofias, pois a Filosofia não comporta nenhuma realização possível. Ao dizer

serait réalisé, un monde dans lequel les classes, l'exploitation de l'homme par l'homme seraient supprimées. Cela est exact. Mais, la Philosophie n'est pas simplement la volonté pratique de réaliser ce monde; c'est aussi la question que l'homme se pose sur lui-même. Or, il n'y a aucune raison pour que tant qu'il y aura des hommes et quelles que soient leurs conditions sociales, il n'y a aucune raison pour que ces hommes ne se posent pas toujours le problème de ce qu'ils sont. Sinon, nous devrions laisser la connaissance de l'homme à la science. Or, comme nous allons voir tout-à-l'heure, c'est la science elle-même, la science sociale elle-même, et l'Anthropologie elle-même, qui réclament un fondement et un elément qui la rendent plus rationnelle.

Mais, tant que nous sommes dans la période marxiste, il nous est impossible de concevoir cette philosophie de la liberté. Personnellement, j'ai parlé de la liberté dans mes livres philosophiques. Je pense et crois que cette liberté est une notion capitale de notre monde, mais je pense à une liberté aliénée. Je pense que l'homme est libre pour être aliéné, pour l'instant. Aliénation et liberté ne sont nullement contradictoires. Au contraire, si vous n'êtes pas libre comment pourrait-on vous rendre esclave? On ne rend pas esclave un caillou ni une machine; on rend esclave ou on aliène un homme qui, d'abord, est libre. C'est une des notions capitales que la dialectique marxiste n'a pas assez mis en lumière, c'est qu'il n'y a pas d'autre aliénation que celle d'un homme libre.

Et même si l'homme, par suite de la dénutrition de ses parents, par suite de sa propre sous-alimentation, du manque de protéïnes, du manque de vitamines n'est presque qu'un sous-homme, c'est cet homme-là, libre, que l'on aliène et dégrade jusqu'à la sous-humanité. Mais ce n'est pas un sous-homme de naissance qu'il faudra amener à l'humanité. Autrement dit, pas de rapports de réification s'il n'y a pas de rapports humains, pas de rapports d'aliénation s'il n'y a pas de liberté.

que ela se realizaria, Marx pensava que um mundo humano seria realizado: um mundo em que as classes, a exploração do homem pelo homem seriam suprimidas. Isto é exato. Mas a Filosofia não é simplesmente a vontade prática de realizar esse mundo. É também a questão que o homem se coloca sobre si mesmo. Ora, não há nenhuma razão, enquanto houver homens e seja qual for sua condição social, para que esses homens não se coloquem sempre o problema daquilo que são. Em caso contrário, deveríamos deixar o conhecimento do homem a cargo da ciência. Ora, como veremos dentro em pouco, é a própria ciência – a ciência social e a Antropologia, elas mesmas – que reclama um fundamento, um elemento capaz de lhe proporcionar uma racionalidade maior.

Enquanto permanecermos, porém, dentro do período marxista, é-nos de todo impossível conceber uma filosofia da liberdade. Eu, pessoalmente, falei da liberdade em meus livros de Filosofia. Creio mesmo que essa liberdade é uma noção capital do nosso mundo. Penso, entretanto, em uma liberdade alienada. Acho que, por ora, o homem é livre para ser alienado. Alienação e liberdade não são, em absoluto, conceitos contraditórios. Muito pelo contrário: se não fosses livre como poderiam transformar-te em escravo? Não se escraviza um pedregulho ou uma máquina: só se escraviza e se aliena um homem que, primeiramente, é livre. Há uma noção capital que a dialética marxista não elucidou de modo suficiente, a saber: não há alienação a não ser de um homem livre.

E mesmo que um homem, em consequência da desnutrição de seus pais, da sua própria subalimentação, da falta de proteínas e de vitaminas, não é quase mais do que um sub-homem, é esse homem, livre, que é alienado e degradado até a sub-humanidade. Não um sub-homem de nascença que é preciso depois conduzir à humanidade. Por outras palavras: não há relações de reificação se não houver, por princípio, relações humanas; não há relações de alienação se não houver liberdade.

Mais, cette liberté dont nous parlons et qui peut s'introduire dans le système philosophique marxiste, ce n'est pas celle dont les philosophes parleront à leurs contemporains, si jamais la période de l'abondance et de la libération de l'homme s'est terminée. C'est toute autre chose qu'ils leur diront. Quoi? Vous n'en savez rien ni moi, pour la bonne raison que, justement, nous sommes entièrement bornés par le marxisme. Et nous sommes bornés par le marxisme, dans l'avenir comme dans le passé, parce que nous sommes dans un système économique et social qui ne peut s'intérpréter qu'en termes marxistes. La philosophie de la liberté, si elle apparaît, récupérera certainement le marxisme qui n'est pas une description fausse, qui est une description vraie d'un homme faux, ce qui est tout à fait différent. Elle la récupérera alors qu'elle laissera tomber d'autres rationalismes antérieurs. Mais, c'est quand même la description vraie d'un homme entièrement faux, faussé par les premisses mêmes de ses techniques et de ses besoins.

À l'interieur maintenant de cette philosophie qui est mortelle – Valéry disait, "les civilisations sont mortelles", les philosophies sont aussi mortelles que les civilisations –, à l'intérieur de cette philosophie reste beaucoup de travail à faire. Pourquoi? Parce que, encore une fois, pour moi une philosophie n'est pas l'oeuvre d'un philosophe: une philosophie c'est le développement d'un ensemble d'idées pratiques qui apparaît au moment où une classe est en train de monter, brise des chaînes et s'empare des instruments de connaissance avant de s'emparer du pouvoir. À ce moment-là éclate quelque chose et ça éclate partout; bien sûr, il est fort important que Descartes ait existé, qu'un certain Monsieur Descartes ait existé ou que Monsieur Locke ait existé. Mais, et je ne suis pas du tout de ceux qui diraient "s'ils n'avaient pas existé il y en aurait eu d'autres"; non, s'ils n'avaient pas existé, il y aurait eu un rationalisme cartésien mais moins bon, parce qu'il aurait été

Essa liberdade de que falo e que pode ser introduzida no sistema filosófico marxista não é, porém, aquela sobre a qual falarão a seus contemporâneos os filósofos, caso algum dia venha a ser inteiramente realizada a era da abundância e da libertação do homem. Eles dirão algo bem diferente a seus contemporâneos. Que dirão? Os senhores não o sabem, eu tampouco, pela razão muito simples de que nos encontramos encerrados dentro do marxismo. E somos limitados pelo marxismo, tanto no passado como no futuro, visto que permanecemos no interior de um sistema econômico-social que não pode ser interpretado a não ser em termos marxistas. Se um dia houver uma filosofia da liberdade, o marxismo será com toda certeza recuperado, pois não é uma descrição falsa, mas uma descrição verdadeira de um homem falso – o que é completamente diferente. Ela o recuperará ao mesmo tempo que abandonará outros racionalismos anteriores. Mas, de qualquer modo, o marxismo é uma descrição verdadeira de um homem inteiramente falso, de um homem falseado pelas próprias premissas de suas técnicas e de suas necessidades.

No interior dessa filosofia que é mortal – Valéry dizia que "as civilizações são mortais"; ora, as filosofias também o são tanto quanto elas – resta ainda muito trabalho por fazer. Por quê? Porque, ainda uma vez: para mim, uma filosofia não é a obra de um único filósofo, mas sim o desenvolvimento de um conjunto de ideias práticas que aparecem no momento em que uma classe se acha em ascensão, rompe as cadeias que a prendem e se apropria dos instrumentos de conhecimento, antes de tomar o poder. Nesse instante, alguma coisa explode e explode por toda parte. É, sem dúvida, muito importante que Descartes tenha existido, que um certo senhor chamado Descartes tenha existido ou um certo sr. Locke. Não sou em absoluto daqueles que diriam: "Se não tivessem existido teria havido outros". Não, pois se Descartes não tivesse existido haveria um racionalismo cartesiano decerto pior

sans Descartes. Je dis seulement, qu'ils n'ont osé qu'exprimer une totalité qui les dépasse de loin.

En conséquence, ce que j'appelle philosophes c'est simplement les hommes qui ont la chance et l'honneur d'être à un moment donné l'expression d'une société qui se connaît elle-même dans sa profondeur, qui se connaît soit sous une forme mythique soit sous une forme directe.

do que o seu, porque feito sem ele. Sustento apenas que Descartes e Locke ousaram apenas exprimir uma totalidade que os ultrapassa de longe.

Por esse motivo dou o nome de filósofo a um homem que em um dado momento tem a oportunidade – e a honra – de ser a expressão de uma sociedade que se conhece a si mesma em sua profundidade e o faz, quer sob uma forma mítica, quer sob uma forma direta.

Et je dis que l'existentialisme est une idéologie, non pas pour prendre le mot *idéologie* au sens où Marx le prend, mais pour lui donner une acception un peu particulière. L'idéologie, telle que Marx l'entend, est un simple produit passif d'une situation; une idéologie de classe, par exemple, exprime simplement cette classe. L'idéologie bourgeoise, vous la connaissez, vous retrouverez un certain nombre d'idées qui sont fixées sur des idées, comme le libéralisme, c'est-à-dire, le pur échange, ou des idées comme l'individualisme ou comme la liberté, la liberté sous une forme qui n'est au fond que de l'oppression, vous trouverez une pensée moléculaire qui vient de ce que la force bourgeoise est une force de molécularisation de la société. Mais, le fond de l'affaire, c'est que, c'est, si vous voulez, l'ensemble des idées fausses à ce moment-là nécessaires à la propagande d'une certaine classe.

Ce que j'appelle, moi, idéologie, c'est simplement le fait qu'à l'intérieur de la philosophie régnante, à l'intérieur par conséquent du marxisme, viennent d'autres travailleurs, après la disparition des premiers grands philosophes qui sont obligés perpétuellement d'adapter la pensée aux changements quotidiens, qui sont obligés de faire le point, étant donné que des événements

O existencialismo é uma ideologia

Digo que o existencialismo é uma ideologia, mas tomo a palavra *ideologia* não no sentido em que Marx a toma, mas numa acepção um pouco particular. A ideologia, como Marx a entende, é um simples produto passivo de uma situação. Uma ideologia de classe, por exemplo, exprime pura e simplesmente essa classe. A ideologia burguesa, nós a conhecemos. Nela encontramos um certo número de noções fixadas em torno de ideias como liberalismo, ou seja, a pura troca, como individualismo, liberdade – sob uma forma que nada mais é, afinal, do que opressão – e outras. Encontramos também um pensamento molecularizado, proveniente do fato de que a força burguesa é uma força de molecularização da sociedade. O fundo da questão é, contudo, que estamos diante do conjunto de ideias falsas necessárias em um dado momento para a propaganda de uma certa classe.

De minha parte, chamo de ideologia simplesmente ao fato de que, no interior da filosofia reinante – no interior, pois, do marxismo –, outros trabalhadores surgem depois do desaparecimento dos primeiros grandes filósofos e estão obrigados a ir adaptando perpetuamente o pensamento às mudanças cotidianas, dando um balanço nos acontecimentos na mesma medida em que se

se développent, le capitalisme, par exemple, change – en ce sens je dirais que Lénine est un idéologue – et que toute la théorie de l'impérialisme qu'il a entièrement développée et mise au jour est une théorie d'idéologue par rapport à celle de Marx. C'est-à-dire qu'il a, en somme, travaillé des terres en friche, dans le cas que Marx avait laissé en friche parce que précisément c'était à une époque où le capitalisme n'etait pas encore le grand-capitalisme impérialiste, il sortait du capitalisme familial et il commençait à être le capitalisme des sociétés anonymes. Donc, je dirai que, en ce sens, Lénine ne peut être pris comme un philosophe mais comme un idéologue. En ce sens aussi, je crois que ceux qu'on appelle les philosophes de l'existence devraient plutôt s'appeler les idéologues de l'existence. Car, ils représentent un certain nombre d'individus ou un groupe ou une tendance qui cherche à mettre en valeur et à développer certaines terres laissées en friche par le marxisme. Pourquoi laissées en friche par le marxisme? Très particulièrement, parce que je dirais que le marxisme est une philosophie extensive et non pas une philosophie intensive. Parce qu'il faut toujours courir au plus pressé, il faut toujours faire de grands travaux pour répondre à l'adversaire, étant donnée la force de la lutte, et on ne cherche pas à fignoler la petite culture sur un lopin de terre.

Donc, il y a des terrains qui sont restés en friche, dans le cas du marxisme et c'est sur ces terrains-là que nous devons travailler. Si nous y travaillons – et voici une réponse à la première question que vous me posiez –, nous ne craignons aucun des dangers de ce que Marx en effet a signalé sous le nom d'idéologie, car c'est un sens très particulier que nous donnons à ce mot. En fait, nous sommes des philosophes en tant que nous participons à la philosophie marxiste, mais dedans, nous estimons que nous ne méritons pas le titre de, mettons, philosophes fondateurs, comme on met dans les sociétés. Alors, on les appelle donc, pour donner un mot, des idéologues.

processam. O capitalismo, por exemplo, modifica-se. Nesse sentido, direi que Lênin é um ideólogo e que a teoria do imperialismo por ele inteiramente desenvolvida e formulada é uma teoria de ideólogo em relação à de Marx. Ele trabalhou, em suma, sobre terras virgens, sobre pontos que o próprio Marx deixara em aberto, visto que o capitalismo de seu tempo ainda não era o grande capitalismo imperialista, tendo havia pouco deixado de ser um capitalismo familiar para começar a ser um capitalismo de sociedades anônimas. Direi, pois, nesse sentido, que Lênin não pode ser considerado um filósofo, mas um ideólogo. É assim também, que, na minha opinião, os assim chamados filósofos da existência deveriam, de preferência, ser denominados ideólogos da existência, pois representam um certo número de indivíduos, um grupo, uma tendência que busca valorizar e desenvolver algumas terras não exploradas pelo marxismo. E por que não foram exploradas pelo marxismo? Em especial porque, digamos, o marxismo é uma filosofia extensiva e não uma filosofia intensiva. Porque é sempre necessário cuidar do mais urgente. Sempre necessário fazer os trabalhos de vulto a fim de responder ao adversário, tendo-se em vista o vigor da luta. Não se pode perder tempo com os cuidados reclamados por uma pequena cultura em um pequeno pedaço de terra.

Há, pois, terrenos que permaneceram virgens no caso do marxismo e é neles que devemos trabalhar. Se o fizermos – e eis uma resposta à primeira questão que me foi formulada –, não devemos recear nenhum dos perigos que Marx viu nas ideologias, pois o sentido que emprestamos ao termo "ideologia" lhe dá uma acepção muito particular. Em realidade, somos filósofos na medida em que participamos da filosofia marxista, mas, dentro dela, acreditamos que não merecemos o título de, digamos, filósofos fundadores, como se usa (no caso) das sociedades. Já que é necessário um nome, chamemo-nos, então, de ideólogos.

Quel est le terrain sur lequel cette idéologie s'exerce particulièrement? C'est un terrain fondamental. Nous avons en plus aujourd'hui ce conditionnement historique que tout en étant une idéologie, nous sommes requis de chercher le fondement de quelque chose qui réclame un fondement et ne l'a pas. Nous devons chercher le fondement de l'Anthropologie. Parce que l'Anthropologie actuelle n'a pas de fondement. C'est sur ce terrain que je vais vous amener à présent, pour répondre à votre deuxième question.

Qual será, porém, o terreno sobre o qual essa ideologia se exerce de modo particular? É um terreno fundamental. Há, além disso, hoje, esse condicionamento histórico que, embora sendo uma ideologia, nos obriga a procurar o fundamento de algo que o reclama e não o tem: devemos buscar o fundamento da Antropologia. Porque a Antropologia atual não tem fundamento. É para esse terreno que os conduzirei agora, a fim de responder à sua segunda questão.

Segunda parte
A ideologia existencial e o
fundamento da Antropologia

Qu'est-ce que je veux dire par fondement de l'Anthropologie? L'Anthropologie, donc, c'est ce qui parle de l'homme, d'après la définition. Qui est-ce qui parle de l'homme? Des gens qui bavardent sur l'homme et puis il y a des gens qui donnent des idées précises et nettes, fondées sur des expériences, sur des calculs, sur des études rigoureuses, sur des critiques de documents et de témoignages. Ces gens-là appartiennent, les seconds, aux sciences sociales.

Or, nous avons aujourd'hui une contradiction profonde dans les sciences sociales. Vous avez des sociologues et des ethnographes qui étudient essentiellement les structures, les structures, c'est-à-dire, dans une société donnée, les caractères qui la définissent à la fois dans une particularité et dans son rapport à une totalité. Une structure, ça peut être un ensemble institutionnel, ça peut être une attitude originelle, ça peut être un type de culture ou d'acculturation, de contre-acculturation, mais ce sont des structures; c'est-à-dire, des données que l'on découvre, que l'on met au jour par des expériences ou par des statistiques et que l'on envisage comme constituant la société à ce moment donné.

Ces structures ont un caractère très net, c'est qu'elles durent; c'est un point de vue synchronique, celui des sociologues. Elles

Antropologia

Que pretendo dizer com essa expressão "fundamento da Antropologia"? Antropologia, segundo a própria definição do termo, é o que fala a respeito do homem. Mas quem fala a respeito do homem? Há os que simplesmente tagarelam. Há, por outro lado, os que nos fornecem ideias precisas e claras, fundadas sobre experiências, cálculos, estudos rigorosos, críticas de documentos e de testemunhos. Estes pertencem à categoria dos cientistas sociais.

Ora, hoje observamos uma profunda contradição nas ciências sociais. Existem sociólogos e etnógrafos que estudam essencialmente as estruturas. Estruturas, isto é, os caracteres que, numa sociedade dada, a definem, simultaneamente, numa particularidade e na sua relação com uma totalidade. Uma estrutura tanto pode ser um conjunto institucional ou uma atitude original, como um tipo de cultura ou de aculturação ou, ainda, de contra-aculturação. Em suma, aqueles dados que descobrimos e pomos sob a luz do dia por intermédio de experimentos ou de estatísticas e que encaramos como constituindo uma sociedade em um determinado momento.

Essas estruturas têm uma característica bem nítida: elas duram. É sincrônico o ponto de vista adotado pelos sociólogos. Elas

durent, car, si elles ne duraient pas, si elles changeaient très vite, ce seraient des accidents et des événements, elles ne pourraient pas définir une société. Dans ce domaine, nous arrivons jusqu'à ce que Lévi-Strauss appelle une Anthropologie structurelle, c'est-à--dire qu'on cherche les éléments durables, les structures durables et même les correspondances, comme fait Lévi-Strauss, des structures entre des sociétés de type divers, pour établir s'il existe des structures fondamentales, qui seraient à la base de l'Anthropologie.

D'autre part, vous avez l'Anthropologie historique, c'est-à-dire, l'Anthropologie qui consiste à faire l'étude de l'homme en tant qu'il est changé par les circonstances et en tant que, changé par les circonstances, il change à son tour les circonstances. Autrement dit, comme dit Marx, l'homme qui est fait par l'histoire, fait l'histoire en tant qu'il est fait par elle.

Ces deux caractères de l'Anthropologie son très différents, car là nous avons à faire à un diachronisme. Là nous avons à faire à un homme qui ne peut être compris que par un processus, c'est-à-dire, par un *ensemble* qui part de moments datés, donnés, et qui arrive jusqu'au moment où on considère la personne.

Bon, chez Marx, nous avons la contradiction des deux termes. Cette contradiction, entendez-moi, nous parlons dialectique, par conséquent je n'entends pas par là ce qui soit une objection mais bien au contraire une opposition vraie car, chez Marx, il y a les deux sens: l'Anthropologie est à la fois structurelle, car finalement c'est dans les structures du capitalisme que Marx a donné sa description, le procès, comme il dit, du capital, le processus du capital, c'est tout de même un système dans lequel l'histoire est définie par les structures, les structures de la production, les structures de l'exploitation, les structures des rapports de production et des rapports des relations d'appropriation, l'ensemble de ces choses constituent une société – et finalement, si vous interprétez un ensemble d'idées ou de slogans à un moment donné, c'est-à-dire ce qui passe

duram, pois, se não durassem, se mudassem muito depressa, seriam acidentes e acontecimentos, e não poderiam definir uma sociedade. Nesse domínio chegamos até aquilo que Lévi-Strauss chama de Antropologia estrutural, isto é, buscamos os elementos duradouros e mesmo – como faz Lévi-Strauss – as correspondências estruturais entre sociedades de tipos diferentes com o propósito de descobrir se existem estruturas fundamentais que estariam na base da Antropologia.

Por outro lado, os senhores têm a Antropologia histórica. Isto é, a Antropologia que consiste em estudar o homem na medida em que é modificado pelas circunstâncias, e, modificado por elas, as modifica por sua vez. Nas palavras de Marx: o homem, feito pela história, faz a história, na mesma medida em que é feito por ela.

Essas duas características da Antropologia são bastante diferentes, pois aqui lidamos com um diacronismo. Lidamos com um homem que não pode ser compreendido a não ser através de um processo, isto é, através de um *conjunto* que parte de momentos datados, dados, e que chega até o momento em que consideramos a pessoa.

Em Marx existe a contradição entre os dois termos. Contradição, compreendam-me. Estamos falando de dialética e, por conseguinte, não pretendo com isso fazer uma objeção a Marx. Ao contrário, quando falo em contradição penso em uma oposição verdadeira, pois em Marx há os dois sentidos. A Antropologia é estrutural, pois afinal é nas estruturas do capitalismo que Marx deu sua descrição. O processo, como disse, do capital. É, de qualquer maneira, um sistema no qual a história é definida pelas estruturas, as estruturas da produção, as estruturas da exploração, das relações de produção, das relações de apropriação. O conjunto dessas coisas constitui uma sociedade. E, finalmente, se pretendemos interpretar o conjunto das ideias e dos *slogans* que aparecem em um momento dado, isto é, aquilo que passa pelo pensamento de uma sociedade, devemos, segundo Marx, partir das infraestruturas,

pour la pensée d'une société, vous voyez d'après Marx, qu'on interprétera par les substructures, les infrastructures et qu'on montera jusqu'aux superstructures; nous avons l'idée structurelle.

D'autre part, nous avons aussi l'idée historique, car le capitalisme n'est pas pour Marx une certaine société tombée du ciel; il dit qu'il a les instruments pour étudier rigoureusement et dialectiquement le processus capitaliste. Il ajoute toujours qu'il n'est pas armé pour en faire autant, en ce qui concerne les autres structures, les structures antérieures, et il invite les chercheurs à le faire.

Engels a essayé quelquefois de faire la théorie générale de l'histoire marxiste, sans beaucoup de bonheur d'ailleurs. Mais il est bien évident que même si Marx écrit: "moi je m'occupe du capital, à vous de vous occuper de la féodalité", il entend bien que la féodalité est à l'origine du capital, c'est-à-dire qu'il y a eu non pas que le capital a des origines féodales, mais que le processus historique a formé le capital à sa naissance en partant de la féodalité.

Dans ces conditions, vous voyez que l'idée historique chez Marx est aussi importante que l'idée structurelle. À vrai dire, on trouve même un certain hiatus entre les deux, puisqu'on a fait remarquer, et c'est juste en particulier un religieux, Calvez, qui s'est occupé de la question que le passage du féodalisme au capitalisme industriel, d'abord commercial et ensuite industriel, chez Marx, laisse un peu de jeu. On ne sait pas pour quelle raison dialectique le féodalisme qui avait des rapports humains s'est exactement transformé dès le départ dans ce qui pouvait y avoir de pis. C'est une chose que l'idée de l'immédiate apparition du profit, de la plus-value, que jamais il n'y ait eu d'efforts pour des sociétés de production, même qui auraient pu manquer, mais de production industrielle à l'origine qui auraient pris certaines formes patriarcales et certaines relations humaines, l'idée qu'on est passé, en somme, de cet homme de l'esclavage à cet homme de l'exploitation capitaliste, sans intermédiaire, sans tentative intermédiaire, sauf

para depois nos elevarmos até as superestruturas. Eis aqui a ideia estrutural.

Temos também, por outro lado, a ideia histórica, pois a sociedade capitalista não é, para Marx, uma sociedade caída do céu. Ele afirma possuir os instrumentos para estudar rigorosa e dialeticamente o processo capitalista. Mas sempre acrescenta que não dispõe das armas necessárias para fazer o mesmo a respeito das outras estruturas, as estruturas precedentes, e convida pesquisadores a fazê-lo.

Em algumas ocasiões Engels tentou fazer, sem muita felicidade, aliás, a teoria geral da história de um ponto de vista marxista. Mas é bem evidente que o próprio Marx acreditaria que a feudalidade está na origem do capitalismo, ainda que tivesse escrito: "Eu trato do capital; tratem vocês da feudalidade". Não que o capital tenha origens feudais. Mas o processo histórico formou o capital, em seu nascimento, com base na feudalidade.

Nessas condições, os senhores podem ver como a ideia histórica, em Marx, é tão importante quanto a ideia estrutural. A bem dizer, encontramos mesmo um certo hiato entre as duas. Alguém já observou que a passagem do feudalismo para o capitalismo industrial — a princípio comercial, depois industrial — não se acha plenamente justificada em Marx. E quem o fez foi, justamente, um sacerdote, [Jean-Ives] Calvez, que tratou em particular da questão. Não se sabe, na verdade, por que razão dialética o feudalismo, que continha relações humanas, desde o início transformou-se exatamente naquilo que nele podia haver de pior. É um fato que a ideia do imediato aparecimento do lucro, da mais-valia, a ideia de que nunca houve esforços, mesmo que fossem esforços baldados, em favor de sociedades de produção, a produção originalmente industrial, assumindo certas formas patriarcais e certas relações humanas — a ideia, em suma, de que passamos do homem da escravidão para este homem da exploração capitalista, sem

quelques unes sans importance, cette idée n'est pas justifiée par Marx. Par le fait que c'est ainsi que ça s'est passé, mais précisement parce que nous sommes à la charnière de l'histoire et des structures, le problème n'a pas été abordé par Marx. Ce qui n'est encore pas une objection, car le fait est que ça s'est passé comme ça, le fait est que nous ne savons pas pourquoi ça s'est passé comme ça mais que si quelqu'un veut l'étudier il aura certainement des éléments pour au moins donner des hypothèses.

Mais, vous voyez que si je vous ai marqué cette charnière, cette espèce de vide qui fait qu'il y a une histoire marxiste et il y a une anthropologie structurelle marxiste, et que les deux sont dans une contradiction parfois et tantôt dans une espèce d'indétermination, ça vous montre qu'au fond il y a deux conceptions de l'homme à l'intérieur de la science sociale et que ces deus conceptions demanderaient à être liées, dépassées, par une troisième. Autrement dit, nous avons des anthropologies structurelles et des anthropologies historiques, il s'agirait et c'est vraiment l'époque, la situation qui le demande, de fonder une Anthropologie structurelle et historique, dans laquelle, il ne s'agirait pas de juxtaposer les deux conditionnements, mais de les intégrer, de manière que nous comprenions qu'est-ce que c'est qu'une structure *et* qu'est-ce que c'est que l'histoire.

Il y a des sociétés sans histoire, d'abord. Donc, ce sont des sociétés absolument accablées ou comblées, comme vous voudrez, par leurs structures. Ce sont des sociétés plus ou moins primitives mais dans lesquelles, par exemple, les formes de médiations sont telles que les conflits à la base n'éclatent pas ou que l'écrasement est tel que quelque chose n'y naît pas, il n'y a pas une maille qui file qui est l'histoire.

Et il y a des sociétés aussi en pleine histoire, dans lesquelles les structures se modifient constamment comme, par exemple, la forme actuelle du capitalisme où tout change à mesure que les outils, les inventions et la production changent.

intermediário, sem uma tentativa intermediária, exceto algumas sem importância, não está justificada por Marx. Pelo fato de que foi bem assim que as coisas se passaram, mas precisamente porque estamos na articulação entre a história e as estruturas, o problema não foi tratado por Marx. O que não é, uma vez mais, uma objeção. Pois o fato é que isso se deu desse modo. Mas não sabemos o porquê. E se alguém quiser estudá-lo há de ter certamente elementos para, ao menos, oferecer hipóteses.

Mas os senhores veem que se marquei essa articulação, essa espécie de vazio que faz que haja uma história marxista e uma antropologia estrutural marxista, que as duas estejam às vezes em contradição e às vezes em uma espécie de indeterminação, foi para mostrar a existência de duas concepções do homem no interior da ciência social. Essas duas concepções pediriam para ser ligadas, superadas por uma terceira. Ou, em outras palavras, temos antropologias estruturais e antropologias históricas: deveríamos fundar uma Antropologia estrutural e histórica – e, na verdade, é a época, a situação atual que a reclama – na qual os dois condicionamentos, em vez de justapostos, seriam integrados, de maneira que se pudesse compreender o que é uma estrutura *e* o que é a história.

Há, primeiramente, sociedades sem história. Essas sociedades estão absolutamente esmagadas ou, se quiserem, cumuladas por suas estruturas. São sociedades mais ou menos primitivas, mas nas quais, por exemplo, as formas de mediação são tais que os conflitos na base não explodem, ou o esmagamento é de tal modo que nada nasce aí. Não existe aquela malha que se vai tecendo e que é a história.

Há, por outro lado, sociedades em plena história, cujas estruturas constantemente se modificam, como a atual forma do capitalismo, na qual tudo se modifica, à medida que os instrumentos, as invenções e a produção mudam.

Mais, de toute façon, il serait trop simple de dire que l'histoire s'occupe des structures mais comme elle a une plus grande amplitude de vue elle les voit comme des changements, alors que le sociologue ne les voit que comme des inérties. Cela n'est pas vrai. L'historien au fond ne s'occupe pas de structures, il n'en voit pas, il ne voit que des changements. Et le sociologue maintiendrait qu'à travers l'histoire et contre elle, il y a des structures. Non pas une nature humaine mais des structures. Si Lévi-Strauss, par exemple, était intérrogé il vous répondrait en ce moment que les structures conditionnent l'histoire au moins autant que l'histoire conditionne les structures et que, d'ailleurs, il y a des structures qui échappent à l'histoire. C'est son point de vue, ce n'est pas le mien, mais il est certain que c'est ainsi qu'il répondrait.

Bon. Donc, nous avons deux conceptions de l'homme dans les mêmes sciences sociales, car ceci dit, sociologue et historien font très bon ménage. Et il existe maintenant une catégorie de sociologues qui sans théorie mais comme ça, en tattonant dans la pratique, font les deux à la fois. Je pense, par exemple, à quelqu'un que vous connaissez, Roger Bastide. Et bien, son dernier livre sur *Les Religions africaines au Brésil*, que je suis en train de lire pour les raisons que vous devinez, contient un ensemble extrèmement intéressant de sociologie des structures et d'histoire. L'histoire économique conditionnant l'histoire sociale et à travers celle-ci des structures se formant. N'empêche que cette sociologie-là, n'a pas dit son nom, ne se connaît pas encore elle-même. Les travaux de Bastide sont excellents sur le plan pratique. Quand il veut dans une préface expliquer la liaison de l'histoire et des structures, le rapport du marxisme avec sa propre théorie sociographique c'est très inférieur, parce que le problème est au fond un problème qui échappe à la science elle-même, alors que c'est la science, comme vous le voyez, la science de l'homme, qui le réclame. Autrement dit, il faut un fondement de l'Anthropologie.

De qualquer modo, seria simplificar as coisas dizer que a história trata das estruturas, mas que, em virtude de sua visão mais ampla, as considera em mudança, ao passo que o sociólogo as vê apenas como inércia. Não é verdade. No fundo, o historiador não trata das estruturas: não as enxerga. Percebe exclusivamente mudanças e, contra ele, o sociólogo afirmaria a existência de estruturas através da história e mesmo contra a história. Não uma natureza humana, mas estruturas. Se Lévi-Strauss, por exemplo, fosse interrogado nesse momento, diria que as estruturas condicionam a história pelo menos tanto quanto a história condiciona as estruturas e que, de resto, há estruturas que escapam à história. É o seu ponto de vista e não o meu. É certo, porém, que ele assim responderia.

Há, portanto, duas concepções do homem nas ciências sociais; isto posto, sociólogos e historiadores convivem muito bem. Existe mesmo atualmente uma categoria de sociólogos que, sem teoria, como que tateando na prática, faz ambas as coisas ao mesmo tempo. Penso, por exemplo, em alguém que os senhores conhecem: Roger Bastide. O seu último livro, *As religiões africanas no Brasil* — que estou lendo pelas razões que podem adivinhar — contém um conjunto extremamente interessante de sociologia das estruturas e de história: a história econômica condicionando a história social e, através desta, as estruturas se formando. Mas essa sociologia não disse ainda seu nome, não se conhece a si mesma. Os trabalhos de Bastide são excelentes no plano prático. Quando, porém, pretende, em um prefácio, explicar a ligação entre a história e as estruturas, a relação entre o marxismo e sua própria teoria sociográfica, é muito fraco, pois, no fundo, o problema foge da alçada da ciência. E, no entanto, como vemos, a própria ciência, a ciência do homem, é que o reclama. Em outras palavras, é necessário um fundamento da Antropologia.

Le fondement de l'Anthropologie qui permette d'intégrer l'idée structurelle et l'idée historique, il est évident que c'est *l'homme*. Il ne peut pas y avoir d'autre fondement à l'Anthropologie que l'homme lui-même. Seulement, si vous regardez la différence, c'est que l'Anthropologie prend un homme *objet*, quand elle l'étudie, et quand elle demande un fondement, elle demande un homme *sujet*. Autrement dit, le fondement de l'Anthropologie qui étudie l'objet-homme, c'est l'homme qui doit lui-même en tant que sujet poser la question sur l'homme objet. L'Anthropologie, comme toutes les sciences, n'étudie que l'objet et son fondement doit être cherché ailleurs. En Mathématiques de la même façon, Husserl l'avait fait remarquer très justement que les sciences — la Géométrie ou science du nombre, les sciences mécaniques — ne renseignent jamais sur la nature de l'espace, ou quand il s'agit de Mécanique, de l'espace et du temps; elles utilisent ces notions, mais un mathématicien ne sait pas ce que c'est que le temps; il ne sait pas parce qu'il ne veut pas le savoir, il le sait peut-être s'il fait de la Philosophie et s'il fait des études à côté, mais en tant qu'il est mathématicien et qu'il étudie les phénomènes mécaniques il ne sait pas ce que c'est que le temps. Il rencontrera le temps, il

Um fundamento existencial para a Antropologia

É evidente que o fundamento da Antropologia, que nos permitiria integrar a ideia estrutural e a ideia histórica, é o *homem*. Não pode haver outro fundamento para a Antropologia além do próprio homem. O que ocorre, caso os senhores observem a diferença, é que a Antropologia toma um homem *objeto* quando o estuda, ao passo que, ao exigir um fundamento, reclama um homem *sujeito*. Ou melhor, o fundamento dessa Antropologia que estuda o objeto homem é o homem, o mesmo homem que, como sujeito, coloca a questão sobre o homem objeto. A Antropologia, como todas as ciências, estuda apenas o objeto e por isso o seu fundamento deve ser procurado alhures. Na Matemática dá-se o mesmo. Husserl observara muito justamente que ciências como a Geometria ou a Aritmética, ou ainda as ciências mecânicas, jamais informam sobre a natureza do espaço ou, no caso da Mecânica, sobre a natureza do espaço e do tempo. Elas apenas utilizam essas noções. O matemático, porém, não sabe o que é o tempo e não o sabe por não querer sabê-lo. Poderá sabê-lo se se dedicar à Filosofia ou fizer estudos laterais. Mas enquanto matemático e enquanto estuda os fenômenos mecânicos, desconhece o que possa ser o tempo. Ele se defrontará com o tempo, utilizará o tempo, aprenderá, talvez, com

l'utilisera, il apprendra peut-être des nouvelles recherches des caractères nouveaux de la temporalité, mais qu'est-ce que le temps, il ne le sait pas. De la même manière qu'est-ce que le mouvement, il le ne sait pas davantage. Et il ne cherche pas à le savoir, il se borne à étudier un certain nombre de rapports complexes qui mettent en jeu l'espace et le temps, comme des *milieux*.

De la même façon, l'homme, pour l'Anthropologie, est en quelque sorte le *milieu* dans lequel les faits humains se produisent. Vous allez, comme anthropologues, chez des indiens, vous allez dans une île de corail du Pacifique, et vous faites des enquêtes, quelquefois extrêmement intéressantes. Il y en a, par exemple, sur le fait que tout ce qui peut arriver à une société où la rareté n'est pas seulement la rareté des biens ou des biens de consommation, mais c'est aussi en nombre la rareté des femmes par rapport aux hommes. Une société qui se trouve actuellement pour des raisons à la fois historiques et biologiques, qui se trouve avec des hommes en excédent par rapport aux femmes. Elle se trouve dans les Îles Marquises. Vous connaissez les travaux qui ont été faits là-dessus, et comment à partir de là, on peut construir, reconstruir et retrouver une foule d'attitudes et de structures qui ont cela pour origine. Cette société qui a été étudiée par Kardiner, par exemple, cette société qui est étudiée de cette façon nous présente des liaisons, des rapports, des rapports sous la forme souvent d'ailleurs plutôt $y = f(x)$ que sous la forme dialectique, entre des situations humaines, des rapports humains. Mais en aucun cas, nous ne trouvons dans ces descriptions autre chose que des lois concernant l'objet, l'objet homme; nous ne savons pas de quel homme il s'agit, qu'est-ce que c'est que ce personnage? Car, alors il deviendrait non plus l'objet de la question, mais il deviendrait le questionneur lui-même. Autrement dit, si vous voulez, il y a dans les sciences de l'homme un rapport immédiat qui est le rapport d'un homme, qui pose une question, à celui qui lui répond, qui lui répond ou directement ou

as novas pesquisas, novas características acerca da temporalidade. Mas o que é o tempo? Não sabe. Do mesmo modo, não saberá o que é o movimento. Não se preocupa, aliás, em sabê-lo, limitando-se apenas a estudar um certo número de relações complexas que têm o espaço e o tempo como *meio ambiente*.

Do mesmo modo, o homem, para a Antropologia, é, por assim dizer, o *meio ambiente* no seio do qual os fatos humanos se produzem. Os senhores, por exemplo, vão em visita, como antropólogos, a tribos indígenas ou a uma ilha de coral do Pacífico com o propósito de fazer pesquisas, as quais, muitas vezes, poderão ser extremamente interessantes. Há, por exemplo, pesquisas sobre o seguinte: tudo o que pode acontecer numa sociedade em que a escassez não é somente a escassez dos bens ou dos bens de consumo, mas também a escassez numérica das mulheres proporcionalmente aos homens. Uma sociedade que se encontra atualmente, tanto por razões históricas como por razões biológicas, com maioria de homens em relação às mulheres. Como se sabe, isso se passa nas Ilhas Marquesas. São conhecidos os trabalhos feitos naquela região e sabemos também que, baseando-se neles, é possível construir, reconstruir e encontrar uma porção de atitudes e estruturas cuja origem está no referido fato. Essa sociedade, estudada por exemplo por Kardiner, apresenta-nos ligações ou relações muito mais sob a forma $y = f(x)$ do que sob a forma de uma relação dialética entre situações humanas. Em hipótese alguma encontraremos nessas descrições algo além de simples leis relativas ao objeto, o objeto homem. Não sabemos de que homem se trata, quem é essa personagem, pois, caso contrário, tornar-se-ia não mais o objeto da questão e sim o próprio questionador. Ou, em outras palavras, há, se quiserem, nas ciências humanas uma relação imediata que é a relação de um homem que formula uma questão com aquele que lhe responde, diretamente ou sem que o saiba. É tão claro que há uma noção sociológica e

sans le savoir. C'est si clair qu'il y a une notion sociologique et ethnographique bien connue, qui est celle d'informateur; l'informateur est l'homme de la société considerée qui, soit qu'il trahisse des secrets, soit qu'il réponde bénévolement, soit qu'il soit chargé par les gens de le faire, qui informe et qui répond aux questions d'un individu qui questionne. Or, si nous considérons que le questionneur prend le questionné pour un objet total, nous constatons aussitôt que la Sociologie et l'Ethnographie disparaissent. Il est impossible de considérer l'homme qu'on étudie comme strictement objet, puisque le questionneur est homme comme le questionné.

Si d'une autre part, on donne la même nature humaine à l'un et à l'autre pour leur permettre de communiquer, là encore on manque la situation, car on ne sait absolument pas quelle nature humaine il y aurait en commun entre les gens des Îles Marquises, dont je vous parle, et le sociologue qui les interroge. Oui, sans doute, ils ont des besoins semblables, sans doute il y a l'amour, il y a aussi les enfants, il y a le travail, tout ce que vous voudrez. Seulement ces choses, ce sont des conditions qui sont tellement différentes dans un cas ou dans l'autre, que nous ne pouvons vraiment pas considérer qu'ils communiquent par la nature.

Mais, d'un autre côté, il n'est pas douteux, c'est l'inverse, que cependant le sociologue comprend l'homme qui est en face de lui. S'il ne le comprenait pas pensez-vous qu'il pourrait essayer une analyse, une sorte d'intervention de la psychanalyse pour comprendre quel sera le sentiment des hommes vis-à-vis des femmes dans une société comme je viens de vous le dire, où les femmes sont en plus petit nombre et par conséquent valorisées, très valorisées par leur petit nombre? Comment essayerait-il de comprendre s'il n'y a pas quelque chose précisément qui n'est pas commun de lui à eux, mais qui permet cependant que le questionneur se retrouve dans le questionné?

etnográfica bem conhecida, que é a de informante. Informante é o homem da sociedade considerada que, por deixar escapar segredos ou por responder benevolamente, ou ainda, por ter sido encarregado de fazê-lo, informa, responde às questões de um indivíduo que pergunta. Se consideramos, porém, que o questionador toma o questionado por um objeto total, verificamos imediatamente que a Sociologia e a Etnografia desaparecem. É impossível considerar o homem que estudamos estritamente como objeto, pois o questionador é homem tanto quanto o questionado.

Se, por outro lado, atribuímos a mesma natureza humana a um e a outro a fim de que possam se comunicar, ainda assim a realidade nos escapa: não saberíamos, em absoluto, que natureza humana comum pode haver entre os habitantes das Ilhas Marquesas a que me referi e o sociólogo que os interroga. Ninguém duvida que tenham necessidades semelhantes: há o amor, as crianças, o trabalho, tudo o que quiserem. Sucede, porém, que essas coisas são condições de tal forma diferentes de um caso para o outro que, em realidade, não podemos considerar que comunicam pela natureza.

Mas, por outro lado, não há nenhuma dúvida, ao contrário, de que o sociólogo compreende o homem que se acha diante de si. Se não o compreendesse, pensam os senhores que ele poderia tentar uma análise, uma espécie de intervenção da psicanálise para compreender qual será o sentimento dos homens em relação às mulheres em uma sociedade em que, como acabei de dizer, as mulheres são em menor número e por conseguinte são valorizadas, muito valorizadas por seu pequeno número? Como tentaria compreender se não há algo precisamente que não é comum a ele e ao outro, mas que permite, contudo que o questionador se reencontre no questionado?

Autrement dit, il faut considérer que le trouble des sciences sociales, aujourd'hui, vient de ce que le questionneur se considère comme regard absolu par rapport au questionné, alors qu'en réalité le fait qu'ils puissent parler, correspondre, se dire des choses, et se comprendre, vient de ce qu'ils sont en situation l'un par rapport à l'autre. Ce que le sociologue ou l'ethnographe ne fait pas dans beaucoup de cas, c'est de se situer. C'est, par exemple, de se dire: "Je suis, moi, ethnographe, un homme de la société capitaliste qui n'a pu venir à cet endroit lointain, que grâce à un ensemble d'équipements et d'outils qui m'ont été fournis par une société capitaliste et dont mon travail servira culturellement sans doute la même société et aussi probablement sur un plan d'intérêt. Je suis là parce que l'on a colonisé ou parce que l'on n'a pas assez aidé; je suis donc témoin moi-même en moi-même de ma société quand j'interroge cet homme autant que mon informateur est témoin de la sienne. Autrement dit, nous sommes tous les deux situés l'un par rapport à l'autre. Et cette situation est telle que finalement je me définis par lui aussi bien qu'il se définit par moi".

D'abord, il faut être un drôle d'homme pour être un ethnographe, rassurez-vous, il faut aussi être un drôle d'homme pour

A situação

Em outras palavras, é preciso considerar que a confusão das ciências sociais, hoje, provém do fato de que o questionador se toma como olhar absoluto em relação ao questionado, quando, na realidade, o fato de poderem se falar, comunicar-se, dizer coisas e se compreenderem explica-se por se acharem em situação um perante o outro. O que o sociólogo ou o etnógrafo não fazem, em muitos casos, é se situarem. É, por exemplo, dizer a si mesmos: "Eu sou, eu, etnógrafo, um homem da sociedade capitalista que não pode vir a este lugar longínquo a não ser graças a um conjunto de equipamentos e instrumentos fornecidos por uma sociedade capitalista e meu trabalho servirá culturalmente à mesma sociedade e também, provavelmente, em um plano de interesse. Aqui estou porque se colonizou ou porque não se deu ajuda suficiente; sou pois, eu próprio, testemunha em mim mesmo de minha sociedade quando interrogo este homem, na exata medida em que meu informante é testemunha da sua. Por outras palavras: ambos estamos situados um em relação ao outro e esta situação é de tal ordem que, afinal, defino-me por ele assim como ele se define por mim".

Em primeiro lugar, é preciso ser um homem esquisito para ser etnógrafo. Mas, fiquem tranquilos: para ser ideólogo ou filósofo

être un idéologue ou un philosophe, mais tout de même il est plus simple de rester chez soi, n'est-ce pas?

Donc, il y a toute une première situation, dont, par exemple, Lévi-Strauss s'est très bien rendu compte, qui fait que l'ethnographe lui-même est un homme assez particulier dans sa société. Il porte témoignage sur sa société capitaliste d'une certaine façon, qu'il faut qu'il détermine. En même temps, cette société capitaliste l'investit et il est l'ambassadeur ou le conquérant de cette société où il vient parce que cette société même a colonisé tout autour. Bon, donc, toutes les questions qu'il pose à cet homme en face de lui, c'est lui en un sens, questionneur, qui est déterminé par elles. S'il considère l'homme comme un objet à connaître, et par conséquent inconnu, c'est que lui-même se définit par rapport à l'autre et par rapport à lui-même comme inconnu. Et par conséquent, aucune Sociologie autre que de situation n'est pas possible. Autrement dit, aucune Sociologie, aucune Ethnographie n'est pas possible sans qu'on abatte les cartes, aucune Ethnographie, aucune Sociologie ne renseigne sur la société moins évoluée qu'on prétend étudier sans renseigner en même temps sur celui qui l'étudie. Mais, en ce moment-là, il s'agit d'un autre type de renseignement; car la société en évolution qu'on étudie, elle sera l'objet de statistiques, de calculs, d'expériences, d'études, et finalement elle constituira un objet réel. L'autre ne sera jamais nommé, le questionneur.

Remarquez qu'aujourd'hui il y a toute une catégorie d'ethnographes qui savent se nommer et donner leur carte de visites, qui disent: "Nous venons, nous sommes d'une société capitaliste", il y en a beaucoup et Lévi-Strauss en est un, mais dans l'ethnographie classique nous avons la description de l'Indien comme objet et nous avons en filigrane la description comme sujet du questionneur. D'ailleurs je n'ai jamais compris le caractère de Lévi-Strauss aussi bien, c'est un des mes amis, que j'aime beaucoup, que le jour où j'ai lu sa relation de sa vie chez les Indiens. C'est lui que

é também preciso ser esquisito. Seja como for, é mais simples ficar em casa, não é mesmo?

Existe, portanto, uma primeira situação – de que Lévi-Strauss, por exemplo, bem se apercebeu – que torna o etnólogo como tal um homem um pouco particular em sua sociedade. Ele testemunha sobre sua sociedade capitalista de uma certa maneira, a ser por ele determinada. Ao mesmo tempo, essa sociedade capitalista investe nele e ele é o embaixador ou o conquistador dessa sociedade de onde vem porque ela colonizou por toda parte. Portanto, todas as questões que ele coloca a esse homem diante dele, é ele, em certo sentido, o questionador, que é determinado por elas. Se ele considera o homem como um objeto a conhecer e, portanto, desconhecido, é porque ele se define em relação ao outro e em relação a si mesmo como desconhecido. Em consequência, nenhuma Sociologia é possível a não ser uma sociologia de situação. Ou, por outra, nenhuma Sociologia ou Etnografia é possível sem que se ponham as cartas sobre a mesa. Nenhuma Sociologia, nenhuma Etnografia informa sobre a sociedade menos evoluída que se pretende estudar, sem informar ao mesmo tempo sobre quem a estuda. Mas, nesse momento, trata-se de um outro tipo de informação, pois a sociedade em evolução que estudamos será objeto de estatísticas, de cálculos, de experiências, de estudos e finalmente constituirá um objeto real. O outro, o questionador, não será nunca nomeado.

É certo que hoje existe toda uma categoria de etnógrafos que sabem se nomear e sabem apresentar o seu cartão de visita, dizendo: "Viemos ou somos de uma sociedade capitalista". Há muitos. Lévi-Strauss é um deles. Mas na etnografia clássica temos a descrição do índio como objeto e temos, em filigrana, a descrição do questionador como sujeito. Aliás, nunca compreendi tão bem o caráter de Lévi-Strauss – que é um de meus amigos de quem gosto bastante – como depois de ler o relato de sua vida entre os indígenas. É ele quem eu via, mais ainda que os índios, porque via o que

je voyais, plus encore que les Indiens, parce que je voyais ce qu'il a aimé, je voyais ce qu'il souhaitait, et j'entendais par là, je comprenais qu'il est conditionné là par rapport à sa société capitaliste à lui.

Or, vous voyez qu'il s'agit de deux connaissances très différentes et que tout homme-objet suscite un renvoi à quelque chose que je n'appelerai pas l'homme-sujet, c'est mal dit, mais que j'appelerai plutôt l'homme-questionneur. Le questionneur doit être étudié en tant qu'il pose la question et non pas en tant que questionné. C'est-à-dire, le questionneur est le fondement de l'Anthropologie; c'est là qu'on doit chercher ce qu'est l'Anthropologie. Non pas chez l'Indien. En fait, il l'est tout autant que l'autre, seulement on l'a pris comme objet. Mais, chez l'autre qui se cache, et qui est semblable à nous.

Qu'est-ce qui se passe à ce moment-là? C'est que nous voyons que celui qui pose la question la pose comme nous la poserions ou comme nous ne la poserions pas. Autrement dit, dans les deux cas il y a un effort, de ce qu'on appelera de notre part, de compréhension.

ele amava, via o que desejava e com isso entendia, compreendia que era condicionado pela sua sociedade capitalista.

Ora, os senhores veem que estamos diante de dois conhecimentos muito diferentes e que todo homem-objeto suscita a remissão a algo que não chamarei de homem-sujeito, o que é dizer mal, mas que chamarei antes de homem-questionador. O questionador deve ser estudado enquanto põe a questão e não enquanto questionado. Isto é, o questionador é o fundamento da Antropologia. É aí que se deve buscar o que é a Antropologia e não no indígena. Na verdade, este o é tanto quanto o outro: ocorre apenas que foi tomado como objeto. Mas é no outro que se esconde e que se assemelha a nós [que se deve procurar o fundamento].

Que se passa, então, nesse momento? Vemos que aquele que coloca a questão coloca-a como nós o faríamos ou não. Por outras palavras: há, em ambos os casos, um esforço que chamaríamos, de nossa parte, de compreensão.

L'Indien, dans la Sociologie classique, dans l'Ethnographie classique, je ne le comprends pas; j'apprends que, dans telles circonstances, il fait telle chose; j'apprends aussi que certaines attitudes son liées, ou certains rites, à telles croyances ou à tels besoins. Mais, je ne le comprends pas. Par contre, je comprends Lévi-Strauss, et je m'apperçois, à ce moment-là, que je peux également comprendre l'Indien. C'est-à-dire, qu'il y a un type de connaissance qui ne peut pas se déterminer directement et tout de suite par des chiffres, par des statistiques, par des liaisons légales, mais qui est tout de même une connaissance, c'est la connaissance du questionneur par le questionné ou à travers le questionneur du questionné lui-même; c'est-à-dire, la compréhension. Autrement dit, la Sociologie et l'Ethnographie d'aujourd'hui font usage d'une notion qu'elles n'utilisaient pas autrefois, mais dont nous faisons l'usage tout le temps, comme Monsieur Jourdain, dans une pièce de Molière, faisait de la prose: c'est la notion de compréhension.

Compréhension c'est quelque chose de très différent d'intellection. Intellection si vous voulez nous classerons là-dedans tous les ensembles signifiants que nous saisissons comme rationnels. Compréhension c'est quelque chose qui est strictement réservée

A compreensão

O indígena, na Sociologia e na Etnografia clássicas, eu não o compreendo. Fico sabendo que, em tais circunstâncias, faz tal coisa. Fico sabendo também que certas atitudes ou certos ritos estão ligados a tais crenças ou a tais necessidades. Mas não o compreendo. Ao contrário, compreendo Lévi-Strauss e percebo, nesse momento, que posso igualmente compreender o indígena. Isto é, há um tipo de conhecimento que não se pode determinar direta e imediatamente por meio de números, por estatísticas, por ligações legais, mas que é de qualquer modo um conhecimento: o conhecimento do questionador pelo questionado ou, através do questionador, do próprio questionado; ou seja, a compreensão. Por outras palavras, a Sociologia e a Etnografia de hoje se utilizam de uma noção de que não se valiam outrora e que, no entanto, empregamos a cada instante do mesmo modo como o sr. Jourdain, em uma peça de Molière, fazia prosa: a noção de compreensão.

Compreensão é algo muito distinto de intelecção. No domínio desta última classificaremos, se quiserem, todos os conjuntos significantes que apreendemos como racionais. Compreensão, porém, é algo estritamente reservado ao que podemos apreender,

à ce que nous pouvons saisir, nous, de l'action d'un autre. C'est-à-dire, ce qui fait que nous pouvons, alors que nous n'avons aucunement la même nature humaine, car elle n'existe pas, que les Muria des Indes, comprendre que le fait de vivre avec la liberté physique, qu'ils ont quand ils sont jeunes, entraine chez eux certaines volontés, certains désirs, certaines réalités. Cette compréhension c'est que deux êtres différents, se situant dans leurs différences peuvent arriver à se comprendre.

Qu'est-ce qu'on comprend à ce moment-là? On comprend, évidemment, ce qui est saisi de la situation objective et transformé à partir de cette connaissance par celui qu'on étudie. Autrement dit, on prend la situation objective, à partir de cette situation objective qu'on essaie de saisir, on voit un homme qui éclaire la situation en agissant; nous comprenons son acte par la situation, la situation par son acte, et les deux à la fois finissent par donner une compréhension de ce qu'il veut et de ce qu'il sent.

Il y avait une école de compréhension merveilleuse quand j'avais vingt ans, elle a disparu depuis le parlant, c'était le cinéma muet. Le cinéma muet c'était *la* compréhension, car nous manquions d'un des éléments, celui qui rend la compréhension encore plus facile, c'était la parole; et par conséquent il fallait tout comprendre à partir des actes des personnes. Vous voyez une pièce, il n'y avait pas de sous-titre, par exemple, c'était un film allemand, il n'y avait pas de sous-titres, nous étions en janvier, il n'y avait aucun moyen, puisque les fenêtres étaient fermées, et qu'on ne voyait pas le dehors, de savoir qu'il faisait froid sinon par *l'action* des personnages, par la manière dont ils fermaient la porte, dont il calfeutraient les fenêtres, dont ils agissaient. Autrement dit, par ce qu'on appelle leur *praxis*. Ainsi, arrivait-on à définir et à comprendre la signification objective des choses à partir des actes dans le cinéma muet. On peut le faire encore aujourd'hui. Vous compreniez également des actes à travers des objets qui avaient été

nós, da ação de um outro. Isto é, o que faz que possamos compreender — a despeito de não possuirmos em absoluto a mesma natureza humana, pois ela não existe — que a plena liberdade corporal em que vivem, em sua juventude, os murias da Índia produz neles certas vontades, certos desejos, certas realidades. Essa compreensão consiste, pois, no fato de que dois seres diferentes, situando-se na sua diferença, chegam a se entender.

Que compreendemos então? Evidentemente, o que é apreendido da situação objetiva e transformado, com base nesse conhecimento, por aquele a quem estudamos. Ou, por outra: tomamos a situação objetiva e com base nessa situação objetiva que tentamos apreender vemos um homem que esclarece a situação agindo. Compreendemos seu ato pela situação, a situação por seu ato e ambos, a um só tempo, acabam por nos fornecer uma compreensão acerca do que ele quer e do que sente. Em meus vinte anos havia uma maravilhosa escola de compreensão, hoje desaparecida: o cinema mudo. O cinema mudo era *a* compreensão, pois faltava-nos um dos elementos, aquele que torna a compreensão ainda mais fácil, ou seja, a palavra. Éramos, em consequência, obrigados a compreender tudo com base nos atos das pessoas. Via-se, por exemplo, o cômodo de uma casa. Não havia legendas. O filme era, digamos, alemão. Estávamos em janeiro. Não havia outro meio de saber que fazia frio, visto que as janelas permaneciam fechadas e não víamos o lado de fora, além da *ação* das personagens, da maneira como fechavam a porta, calafetavam as janelas, agiam. Ou melhor, por aquilo que chamamos sua práxis. No cinema mudo compreendia-se, pois, com base nos atos a significação objetiva das coisas. Podemos fazê-lo ainda hoje. Compreendíamos igualmente os atos por meio dos objetos que eram deslocados ou modificados por esses atos. Mostravam uma orgia — como existia a decência, era preciso cortar —, víamos as pessoas preparando-se para entrar no cômodo onde havia a orgia. Pouco depois, víamos os cigarros queimando o

déplacés ou changés par ces actes. Dans le cas où, par exemple, on vous montrait une orgie, comme il y avait la décence on était obligé de couper, alors on voyait les gens se disposer à entrer dans la pièce où il y avait l'orgie, puis après nous voyons des bouts de cigarettes brûlant les tapis, des coupes brisées, toute espèce de choses de ce genre et entre les deux il y avait eu l'orgie mais elle était signifiée et comprise par les restes d'un acte.

Donc, ce que l'on comprend c'est l'acte. Autrement dit, il n'y a pas besoin d'avoir rien de commun avec un autre homme pour le comprendre pourvu qu'on le trouve dans une situation que l'on puisse saisir objectivement et que l'on puisse le voir illuminer la situation par son acte et que l'on puisse comprendre son acte à partir de la situation. Cette notion de compréhension nous renvoie à l'acte et l'acte nous renvoie lui-même au projet. Car faire un acte c'est nécessairement nier quelque chose qui existe en fonction de quelquer chose qui n'existe pas.

tapete, copos quebrados e uma porção de coisas do mesmo gênero. Entre as duas cenas tinha ocorrido a orgia, mas ela era significada e compreendida pelos restos de um ato.

O que compreendemos, por conseguinte, é o ato. Por outras palavras, não é necessário ter nada de comum com um outro homem para compreendê-lo. Basta que se o encontre em uma situação que possa ser apreendida objetivamente e que se possa vê-lo iluminar a situação por seu ato ou compreender seu ato tomando-se por base a situação. Essa noção de compreensão nos remete ao ato e o próprio ato nos remete ao projeto. Pois fazer um ato é necessariamente negar algo que existe em função de algo que não existe.

Si vous ôtez votre veste parce que vous avez trop chaud – ce que je vous conseille de faire d'ailleurs – vous avez là nié une situation donné et vous l'avez niée en fonction d'un état, d'une part d'un état qui vous avez qui est le malaise, mais d'un état que vous connaissez et qui sera le fait d'avoir moins chaud et qui n'est pas. Ainsi par le projet il y a négation de la situation définie au nom d'une situation qui n'existe pas. Ici intervient cette négation, cette négativité qui est le propre même de l'acte. Il y a d'abord négativité. Négativité c'est-à-dire refus, c'est-à-dire échappement, c'est-à-dire néantisation, appelez-le comme vous voudrez, mais le point de départ c'est que quelque chose est niée de ce que nous voyons, de ce que nous sentons, au nom de quelque chose que nous ne voyons pas, que nous ne sentons pas. À partir de là, nous avons la possibilité perpétuelle d'aller, nous, au-delà du présent vers le futur, de nous définir par un futur, de nous définir par ce que nous créons. Et c'est précisément à partir de là que nous pouvons comprendre n'importe quel primitif, n'importe quel homme peu évolué ou, au contraire, plus évolué que nous, s'il s'explique un peu, parce que ce domaine du projet est commun à tous les hommes. Et la compréhension n'est pas autre chose que l'acte même fait par le questionneur mais

O projeto como negação

Se os senhores tirarem o paletó por causa do calor – o que, aliás, aconselho que façam – terão negado uma situação dada e a negaram em função, de um lado, de um estado que tinham de mal-estar e, de outro, de um estado que conhecem, é o de menos calor, mas que não existe. Assim, pelo projeto, há negação de uma situação definida em nome de uma situação que não existe. Aqui intervém essa negação, essa negatividade que é própria do ato. Há, em primeiro lugar, negatividade. Negatividade, ou seja, recusa, fuga, nadificação, chamem como quiserem. Mas o ponto de partida é que algo é negado daquilo que vemos, que sentimos em nome de algo que não vemos e não sentimos. A partir daí temos a possibilidade permanente de irmos além, do presente em direção ao futuro, de nos definirmos por um futuro e por aquilo que criamos. E é precisamente a partir daí que podemos compreender qualquer primitivo assim como qualquer homem pouco evoluído ou, ao contrário, mais evoluído do que nós desde que se explique um pouco, pois esse domínio do projeto é comum a todos os homens. E a compreensão não é nada além do que o ato mesmo feito pelo questionador, mas virtualmente, no momento em que o questionado o faz realmente. Se, por exemplo, sou capaz de compreender

virtuellement pendant que le questionné le fait réellement. Si, par exemple, je comprends admirablement quelqu'un qui ôte sa veste, c'est précisément parce que, moi, j'ai envie d'ôter ma veste. Je l'ôte sur lui et pour lui, n'est-ce pas? Ma compréhension vient donc tout simplement de l'acte de l'autre que je m'incorpore. C'est la même chose. Il y a l'acte et cet acte est compris. Et l'acte est compris parce qu'il est fait ou virtuellement ou quelquefois la seule manière de vraiment comprendre un acte c'est de le faire, totalement et réellement. "Si tu veux me comprendre mets-toi dans ma situation", ça c'est virtuel; "si tu veux comprendre ces hommes qui luttent de telle ou telle manière et que tu blâmes, entre parmi eux et tu verras que tu feras comme eux. Tu les comprendras parce que tu le feras." Ainsi la compréhension et l'action c'est une seule et même chose, c'est l'universalité, si vous voulez, de l'action.

Mais cela nous porte à ce moment-là à un autre type d'homme que celui que nous définissions dans la Sociologie. Un autre type d'homme que celui que nous définissions même dans l'histoire sociologique ou dans l'Ethnographie. Cela nous porte en face de l'homme qui est libre dans son projet et qui échappe par le projet même constamment à la situation où il se trouve tout en étant obligé, ça c'est une autre affaire, nous n'avons pas à y venir – de s'aliéner par là même, dans une situation nouvelle.

Bon. Ainsi, vous le voyez, il n'est pas douteux que lorsque l'Ethnographie veut un fondement, elle trouve l'ethnographe, en tant qu'il se situe par rapport à l'objet de son étude et en tant qu'il ne se formule pas, il ne se dit pas tel en tant précisément qu'il est l'homme qui fait de la science et non pas le résultat objectif. En tant finalement qu'il est semblable à l'Indien. Car l'homme est l'être par qui l'homme se fait objet, l'homme est fait objet. Mais précisément à cause de cela, il l'est justement cette compréhension et ce dépassement qui doit se définir, si nous voulons, la totalité de la Sociologie ou de l'Ethnographie. Qui se définie, si vous voulez,

admiravelmente alguém que tira o paletó, é precisamente porque tenho vontade de tirar o meu. Eu o tiro sobre ele e por ele, não é verdade? Muito simplesmente, minha compreensão decorre, pois, do ato alheio que incorporo a mim mesmo. É a mesma coisa: há o ato e esse ato é compreendido. E o ato é compreendido porque é feito virtualmente ou, por vezes, a única maneira de compreender verdadeiramente um ato é fazê-lo total e realmente. "Se você quer me compreender, ponha-se na minha situação": eis o modo virtual. "Se você quer compreender a esses homens que lutam de tal ou tal maneira que você desaprova, entre no meio deles e verá como, por fim, acabará agindo como eles. Compreendê-los-á, porque fará." A compreensão e a ação são, portanto, uma e a mesma coisa: a universalidade — se quiserem — da ação.

Isso nos leva, porém, a um tipo de homem diferente daquele que definimos na Sociologia e daquele que definimos até mesmo na história sociológica ou na Etnografia. Isso nos leva perante o homem que é livre no seu projeto e escapa constantemente da situação em que se encontra por meio do próprio projeto, apesar de ser obrigado — o que é um outro problema ao qual não temos que retornar — a se alienar, por isso mesmo, em uma nova situação.

Bem. Os senhores veem, assim, que não resta dúvida de que quando a Etnografia quer um fundamento, ela encontra o etnógrafo enquanto se situa em relação ao objeto do seu estudo e enquanto não se formula, não se diz tal. Enquanto, precisamente, é o homem que faz a ciência e não o resultado objetivo. Enquanto, finalmente, é semelhante ao indígena. Pois o homem é o ser pelo qual o homem se faz objeto, é feito objeto. Mas, precisamente por causa disso, ele é justamente essa compreensão e essa superação que deve se definir se queremos a totalidade da Sociologia ou da Etnografia; que já se define, aliás, se o quiserem, mas muito ingenuamente, nesses livros americanos em que vemos: "Sociologia. Obra sobre os negros de uma cidadezinha etc.". E um prefácio

déjà mais très naïvement dans ces livres américains, où l'on voit: "Sociologie: ouvrage sur les noires d'une petite ville", et une préface où l'auteur dit ses préjugés: il n'aime pas les noirs, par exemple, et puis il aime bien l'argent, etc., etc. Bon, ça c'est une manière, si vous voulez, de dire: comme ça vous pouvez discuter; ou bien il croit à la liberté humaine, il croit à l'universel, etc., etc.

Bon, par là, nous voyons que le seul fondement donc que nous devions chercher c'est l'homme en tant qu'il n'est pas objet, puisque précisément le questionneur n'est pas objet pour le questionné — ou plutôt, il l'est mais il ne le sait pas pour l'instant —, alors donc c'est dans la mesure où l'homme fait l'autre objet et n'est pas lui-même exactement qu'il doit être vu, su, connu et compris comme fondement.

À ce moment-là, donc, nous trouvons le problème de l'existence. C'est-à-dire que dans le fond la notion de projet, la notion que nous amenait aux limites du terrain de la liberté et quelques autres notions semblables nous renvoient à cette idée de l'arrachement au présent. Du fait d'être un objet mais de toujours dépasser l'objet. Bref, nous amène à une réalité pratique de l'homme, où exister, se faire sont une seule et même chose et cette réalité pratique, qui elle-même, d'ailleurs, échappe à la science mais la fonde est justement ce que l'idéologie de l'existence se propose d'étudier.

no qual o autor diz seus preconceitos: não gosta dos negros, por exemplo, e além disso gosta muito de dinheiro etc. Bem. Isso é, se quiserem, uma maneira de dizer: assim, a gente pode discutir. Ou então, ele acredita na liberdade humana, no universal etc.

Assim, vemos que o único fundamento que devemos, pois, procurar é o homem enquanto não é objeto, visto que, precisamente, o questionador não é objeto para o questionado. Ou antes, ele o é, mas por ora não sabe disso. Então, pois, é na medida em que o homem faz do outro objeto e não é, ele mesmo, exatamente um objeto, é que deve ser visto, sabido, conhecido e compreendido como fundamento.

Nesse momento, por conseguinte, encontramos o problema da existência. Isso significa que, no fundo, a noção de projeto, a noção que nos conduzia aos limites do terreno da liberdade e algumas outras noções semelhantes, nos remetem a essa ideia de desarraigamento do presente. Ao fato de que somos objetos, mas sempre ultrapassamos o objeto. Ela nos conduz, em suma, a uma realidade prática do homem, na qual existir e fazer-se são uma só e mesma coisa e essa realidade prática, que ela mesma escapa à ciência embora a fundamente, é justamente o que a ideologia da existência se propõe a estudar.

Autrement dit, dans le marxisme même, le problème est éludé. Il est éludé à cause de la notion de dialectique de la nature.

Si nous admettons comme un marxisme très primaire, dont Engels est en partie responsable, le prétend que la nature est soumise à la loi de la dialectique, c'est-à-dire à la loi des contraires, des luttes et des synthèses enrichies qui emportent en elles les contraires et si nous admettons que l'homme, ce qui est vrai, est un être de la nature, il en resultera que la loi de l'homme et la loi de l'histoire ne sont que des particularisations de la loi de la nature et que par conséquent l'homme est strictement et totalement objet. Bien, nous avons donc, une vue métaphysique totale du monde, dans lequel il y aura de millards de cailloux et de millions d'hommes, mais cailloux et hommes seront pareils. Parce que nous n'aurons qu'une vision de l'objet. Ou alors, si on veut décrire ce qui se passe dans la tête de l'homme, on prendra la fameuse théorie du reflet, c'est-à-dire qu'on dira qu'il y a dans sa tête comme un reflet causé par l'objectivité, c'est-à-dire qu'on le reduira à être une pure objectivité dans sa tête, on dira qu'il y a dans sa tête un autre petit objet, qui est une image ou un reflet. Nous restons totalement dans la sphère de l'objectif, mais nous sommes amenés à une contradiction, celle-là non dialectique. Car elle n'est pas soluble.

O problema da dialética da natureza

Em outras palavras, no próprio marxismo o problema é eludido por causa da noção de dialética da natureza.

Se admitimos, como pretende um marxismo muito primário — pelo qual Engels é, em parte, responsável —, que a natureza está sujeita à lei da dialética, isto é, à lei dos contrários, das lutas e das sínteses enriquecidas que carregam consigo os contrários, e se admitimos que o homem — o que é verdade — é um ser da natureza, resultará daí que a lei do homem e a lei da história nada mais são do que particularizações da lei da natureza e, por conseguinte, o homem é estrita e totalmente objeto. Teremos uma visão metafísica total do mundo, no qual haverá milhões de pedregulhos e milhões de homens, mas pedregulhos e homens serão iguais. Porque nada mais teremos que uma visão do objeto. Ou então, se quisermos descrever o que se passa na cabeça do homem, tomar-se-á a famosa teoria do reflexo e dir-se-á que há na sua cabeça como que um reflexo causado pela objetividade, isto é, será reduzido a ser pura objetividade em sua cabeça. Dir-se-á que há na sua cabeça um outro pequeno objeto, que é uma imagem ou um reflexo. Permanecemos totalmente na esfera do objetivo, mas somos levados a uma contradição, não dialética, por não ser solucionável.

Si l'homme, si la conscience humaine et le savoir humain n'est qu'un reflet de la situation présente, comment se fait-il que la nature est dialectique? Autrement dit, comment peut-il avoir cette conscience toute connaissante et métaphysique qui définit la place de l'homme dans la nature à partir du savoir dialectique tout entier? Et si d'autre part, il a cette connaissance, et si par conséquent il devient cette conscience idéaliste qui sait tout en face du monde, comment peut-il se réduire ensuite, quand il se décrit, à ce tout petit personnage que nous allons trouver et qui est finalement gouverné par toutes les lois dialectiques de la nature? Nous voyons qu'ici il y a quelque chose qui ne va pas. Il y a une double objectivité qui manque le sujet même, qui manque l'être qui doit se comprendre en comprenant. Et qui manque aussi l'histoire. Car si la dialectique c'est dialectique de la nature, il n'y a aucun moyen particulier de distinguer l'histoire telle qu'elle est, de l'ensemble du monde et de l'histoire de la nature. Si, au contraire, on s'aperçoit, comme nous le verrons, que c'est l'histoire qui est dialectique et rien qu'elle, peut--être que la nature l'est mais nous ne le savons pas, à ce moment-là nous avons une définition précise de la dialectique et de l'histoire.

Ce que je voulais seulement vous montrer là, c'est ce qui manque à la grande théorie dialectique marxiste c'est l'idée justement, qui est pourtant dialectique, de la connaissance située. C'est-à-dire l'idée que nous ne sommes ni un être totalement hors de la nature et la contemplant dans sa majesté avec un petit homme dedans comme un insecte, ni non plus ce malheureux petit personnage qui est à l'intérieur de la nature et qui a des vagues reflets dans la tête comme les ombres dans la caverne de Platon. Nous ne pouvons être ni l'un ni l'autre car il n'y aurait ni dans un ni dans l'autre cas des connaissances et nous ne pouvons surtout pas être les deux à la fois.

Mais par contre, si nous considérons que nous sommes une compréhension de l'autre, en histoire, c'est-à-dire, de l'acte

Se o homem, se a consciência humana e o saber humano não são mais que um reflexo da situação presente, como é possível que a natureza seja dialética? Em outras palavras, como pode ele ter essa consciência onisciente e metafísica, a qual define o lugar do homem na natureza com base no saber que é inteiramente dialético? Se, por outro lado, ele possui esse conhecimento e se, por conseguinte, torna-se essa consciência idealista que tudo sabe em face do mundo, como pode em seguida, ao fazer a descrição de si mesmo, reduzir-se a essa personagem bem pequenina que vamos encontrar e que, afinal, é governada por todas as leis dialéticas da natureza? Vemos que aqui há uma dificuldade. Há uma dupla objetividade que deixa escapar o próprio sujeito, que deixa escapar o ser que deve se compreender compreendendo. E que deixa também escapar a história, pois, se a dialética é dialética da natureza, não há nenhum meio particular de distinguir a história tal qual é do conjunto do mundo e da história da natureza. Se, ao contrário, nos apercebermos, como veremos, de que é a história e somente ela que é dialética – talvez a natureza o seja, mas não o sabemos –, nesse momento teremos uma definição precisa tanto da dialética quanto da história.

O que, com isso, eu apenas queria mostrar aos senhores é que o que falta à grande teoria dialética marxista é justamente a ideia, que, no entanto, é dialética, do conhecimento situado. Ou seja, a ideia de que não somos nem um ser totalmente fora da natureza, contemplando-a na sua majestade com um homenzinho lá dentro como um inseto, e tampouco essa infeliz pequena personagem que está no interior da natureza e tem vagos reflexos na cabeça como as sombras na caverna de Platão. Não podemos ser nem um nem outro, pois não haveria, nem em um caso nem em outro, conhecimento, e não podemos ser principalmente ambas as coisas a um só tempo.

Ao contrário, se considerarmos que somos uma compreensão do outro em história, isto é, do ato do outro, da práxis e que somos

d'autrui, de la praxis, et praxis nous-mêmes, et si nous comprenons que les deux praxis sont nécessairement situées, alors nous abordons le fondement non seulement de l'Anthropologie en général, mais de l'anthropologie marxiste. Alors nous comprenons que nous sommes sur le terrain où la vraie dialectique peut apparaître comme rapport des hommes entre eux. À ce moment-là il n'est plus nécessaire de parler ni de subjectivité ni d'objectivité en contraste avec la subjectivité, vu que l'une et l'autre sont des notions qui ne peuvent guère servir qu'en Psychologie. En fait, si nous considérons le monde sous la forme de la compréhension, il est objectivité totale, nous sommes tous parfaitement objectifs; simplement il faut remplacer les notions, le couple de subjectif-objectif, par celui d'intériorisation et d'extériorisation. À ce moment-là, nous pouvons nous situer les uns par rapport aux autres. Comprendre le geste d'un homme, c'est l'intérioriser en même temps qu'il l'extériorise. Et nécessairement aussi c'est d'une manière ou d'une autre le réextérioriser pour que d'autres l'intériorisent.

Il y a un mouvement constant qui part de la compréhension et qui continue dans l'objectif sur n'importe quoi qui s'appelle, si vous voulez, intériorisation, extériorisation: c'est le grand mode par lequel les faits apparaissent dans l'histoire humaine, se contestent, de nouveau sont repris par d'autres êtres et puis de nouveau changés par des sorties. À ce moment-là, il n'est nullement nécessaire de définir un subjectif parce que le subjectif n'existe pas. Il s'agit simplement d'un processus d'intériorisation-extériorisation totalement objectif. Simplement le moment de la compréhension c'est le moment de l'intériorisation. On comprend ce qu'on intériorise; ce qui fait que méthodologiquement comprendre se situe au niveau où l'intériorisation du mouvement se repose sur lui-même pour prendre conscience de soi, ou si vous préférez, au niveau du *cogito*.

Le *cogito* cartésien est la seule façon aujourd'hui de conserver une base à une Anthropologie qui voudrait réellement comprendre

nós mesmos práxis e se compreendermos que ambas as práxis estão necessariamente situadas, então chegamos ao fundamento não somente da Antropologia em geral, mas da antropologia marxista. Compreendemos então que estamos no terreno em que a verdadeira dialética pode aparecer como uma relação dos homens entre si. A partir desse momento já não é necessário falar nem da subjetividade, nem da objetividade em contraste com a subjetividade, visto que uma e outra são noções úteis apenas na Psicologia. De fato, se considerarmos o mundo sob a forma da compreensão, há objetividade total, somos todos perfeitamente objetivos; simplesmente, é preciso substituir as noções, o par subjetivo-objetivo pelo par interiorização-exteriorização. A partir desse momento podemos nos situar uns em relação aos outros. Compreender o gesto de um homem é interiorizá-lo ao mesmo tempo que ele o exterioriza e, necessariamente, é também, de uma maneira ou de outra, reexteriorizá-lo para que outros o interiorizem.

Há um movimento constante que parte da compreensão e que continua no objetivo, sobre o que quer que seja e que se chama, se quiserem, interiorização-exteriorização. É o grande modo pelo qual os fatos aparecem na história humana, se contestam uns aos outros, são retomados novamente por outros seres e logo de novo modificados por novos surtos. Nesse momento não é de maneira nenhuma necessário definir um subjetivo, porque o subjetivo não existe. Trata-se simplesmente de um processo de interiorização-exteriorização totalmente objetivo. Simplesmente, o momento da compreensão é o momento da interiorização. Compreendemos o que interiorizamos. Isso faz que, metodologicamente, compreender situe-se no nível em que a interiorização do movimento repousa sobre si mesma para tomar consciência de si ou, se quiserem, no nível do *cogito*.

O *cogito* cartesiano é a única maneira, hoje, de conservar uma base para uma antropologia que queira realmente compreender o

l'homme comme un être qui est libre, qui agit, qui ne doit pas être opprimé. Parce que le *cogito* n'est rien de métaphysique: ce n'est nullement une substance qui s'atteint elle-même; c'est uniquement, au point de vue méthodologique, le moment de la compréhension parce que la compréhension est en même temps conscience d'elle--même comme compréhension. C'est le moment, si vous voulez, de l'intériorisation où il y a cette reprise de l'extérieur avec le simple redoublement, qui fait que la reprise de l'extérieur est conscience d'elle-même, comme reprise de l'extérieur. Quand je comprends l'Indien que j'étudie si vraiment je le comprends, ce que ne peut se faire au fond que dans l'amitié, et d'ailleurs la plupart des ethnographes ont aimé les hommes dont ils se sont occupés, quand je le comprends, comprendre est à la fois une relation pratique et une relation humaine d'amitié, d'amour; aimer, comprendre, agir avec, c'est une seule et même chose. Et en même temps, c'est l'atteinte de cette réalité-même qui est l'homme en soi sur le simple plan de la certitude que l'on comprend. C'est l'intériorisation se définissant comme telle. Autrement dit, vous ne pourriez comprendre le geste qui vous émeut que si au moment-même où ils vous émeut vous avez une conscience non thétique, si vous voulez, si vague, si vous voulez, ou si non posée soit telle, si vous avez une conscience de le comprendre. L'objet n'agit pas autrement et la compréhension ne peut pas agir autrement.

Ainsi, vous voyez, c'est à ce niveau qu'il faut se situer pour donner un fondement idéologique à l'Anthropologie. C'est à ce niveau qu'il faut se situer tout simplement pour retrouver l'homme; c'est--à-dire l'être qui, après tout, en tant qu'il n'est pas objet de savoir direct, de statistiques, de recettes, de slogans, de tout ce que vous voudrez, en tant qu'il n'est pas donc, dans l'ensemble des significations, semble disparaître et qui est pourtant l'objet même que doit être l'étude philosophique ou idéologique, l'objet-même, la réalité à quoi toutes nos sciences humaines doivent se référer.

homem como um ser que é livre, que age, que não deve ser oprimido. Porque o *cogito* não é nada de metafísico. Não é de modo algum uma substância que a si mesma se atinge; é unicamente, do ponto de vista metodológico, o momento da compreensão, porque a compreensão é ao mesmo tempo consciência de si mesma como compreensão. É o momento, se quiserem, da interiorização em que há essa retomada do exterior com a simples duplicação que faz que a retomada do exterior seja consciente dela mesma como retomada do exterior. Quando compreendo o indígena que estudo – se verdadeiramente o compreendo, o que no fundo não pode ocorrer senão na amizade, e a maioria dos etnógrafos, aliás, amou aqueles a quem estudava –, quando o compreendo, compreender é a um só tempo uma relação prática e uma relação humana de amizade, de amor; amar, compreender, agir em conjunto, é uma única e mesma coisa. E, ao mesmo tempo, é o atingir dessa realidade mesma que é o homem em si no simples plano da certeza de que se compreende. É a interiorização se definindo como tal. Em outras palavras, os senhores não poderiam compreender o gesto que os emociona a não ser que tenham, no momento mesmo em que ele os emociona, uma consciência não tética, se quiserem, muito vaga, se quiserem, por menos posta que ela seja, uma consciência de compreendê-lo. O objeto não age de outra maneira e a compreensão não pode agir de outra maneira.

Assim, os senhores veem, é nesse nível que é preciso situar-se para dar um fundamento ideológico à Antropologia. É nesse nível que é preciso se situar para, muito simplesmente, reencontrar o homem, isto é, o ser que, afinal, enquanto não é objeto de saber direto, de estatísticas, de receitas, de *slogans*, de tudo o que queiram, enquanto não se encontra, pois, no conjunto das significações, parece desaparecer e que é, no entanto, o próprio objeto que deve ser o estudo filosófico ou ideológico, o próprio objeto, a realidade a que todas as nossas ciências humanas devem se referir.

Je disais dans la *Critique de la raison dialectique* que j'avais lu cette phrase ou plutôt qu'on m'avait cité cette phrase, qui s'était étalée longtemps sur les murs de Varsovie et qui était certainement écrite par un homme plein de bonne volonté: "La tuberculose freine la production". Et je faisais remarquer que cette phrase qui est, d'ailleurs, fort juste est une phrase où l'homme est absent. Vou avez une entité que vous pouvez définir qui est la tuberculose, vous pouvez la définir par des statistiques, vous pouvez les mettre en relation avec des statistiques de production, vous pouvez remarquer que dans telle usine il y a x% de tuberculeux ce qui amène un freinage de la production ou une chute de production de f%, mais le tuberculeux n'existe qu'en tant qu'il est producteur, ou le producteur n'existe qu'en tant qu'il est tuberculeux. Or, c'est cela, la manière précisément dont non seulement certains marxistes mais aussi beaucoup de sociologues ou d'ethnographes pensent les hommes.

Si l'on veut échapper à cela, et si l'on veut précisément, comme ce livre de Bastide que je viens de dire, essayer de trouver l'homme dans son humanité, et le comprendre, il faut qu'on soit renvoyé à une étude de ce que peut être en fait ce qu'il y a d'humain dans l'homme, ce qui fait que sans avoir de nature commune, nous puissions nous comprendre un gothul et tel ou tel savant ethnographe. Il faut que nous nous retrouvions, donc, ici, cette base essentielle: mais, en même temps, il ne faut pas qu'elle s'isole.

Si vous pensez – c'est votre deuxième question, à laquelle je vais répondre – qu'il y a une différence entre *L'Être et le néant* et la *Critique de la raison dialectique*, c'est à cause de la manière dont sont formulés les problèmes, mais non pas à cause de la direction même; la direction reste la même. En effet, dans *L'Être et le néant*, j'ai voulu en me saisissant au niveau même de la conscience, c'est-à-dire, le niveau à la fois le plus certain et le plus abstrait, le plus formel, celui où l'on trouve des vérités indéniables, mais presque nulles, dont on ne peut presque rien faire, j'ai voulu donc faire une description de

Eu dizia na *Crítica da razão dialética* que lera, ou melhor, que me haviam citado aquela frase que, durante muito tempo, ficara exposta nos muros de Varsóvia e que fora certamente escrita por um homem cheio de boa vontade: "A tuberculose freia a produção". E eu fazia notar que essa frase – aliás, muito justa – é uma frase da qual o homem está ausente. Os senhores têm uma entidade, a tuberculose, a qual podem definir por estatísticas, podem colocá-las em relação com estatísticas de produção, podem observar que em uma dada fábrica há tantos por cento de tuberculosos, o que acarreta uma freagem na produção ou uma queda da produção em tantos por cento; mas o tuberculoso não existe senão enquanto produtor ou o produtor só existe enquanto tuberculoso. Ora, essa é a maneira precisamente como não apenas certos marxistas, mas também muitos sociólogos e etnógrafos, pensam os homens.

Se quisermos fugir disso e tentar encontrar, precisamente, como esse livro de Bastide de que acabo de falar, o homem na sua humanidade e compreendê-lo, é preciso retornar a um estudo do que pode ser efetivamente o que há de humano no homem e que faz que, sem termos uma natureza comum, possamos, nós, compreender um *gothul* e este ou aquele cientista etnógrafo. É preciso que reencontremos, pois, essa base essencial. Ao mesmo tempo, ela não pode ficar isolada.

Se o senhor pensa – é a sua segunda questão que vou responder – que há uma diferença entre *O ser e o nada* e a *Crítica da razão dialética* é por causa da maneira como os problemas são formulados, mas não por causa da própria direção; a direção continua a mesma. Com efeito, em *O ser e o nada* eu quis, atendo-me no nível mesmo da consciência, isto é, no nível ao mesmo tempo o mais certo e o mais abstrato, o mais formal, aquele em que se encontram verdades inegáveis, mas quase nulas, com as quais não se pode fazer quase nada, eu quis portanto fazer uma descrição do que é a realidade humana como projeto, compreensão. Mas se é

ce qu'est la réalité humaine comme projet, compréhension. Seulement, s'il est bon pour dégager ces notions de les donner sous une forme abstraite, en étudiant la conscience pure, ça n'est pas du tout ainsi qu'il s'agit de les réintroduire dans une Anthropologie. En fait, il faut qu'elle soit toujours là, mais il faut qu'elle n'aparaisse jamais. La vérité, donc, c'est que notre travail n'est pas d'insister indéfiniment sur le projet, sur la nature de la liberté, sur le besoin, sur l'ensemble des choses qui font la condition humaine — ce qui est nécessaire pour nous c'est de reconstituer une ontologie, ou du moins une anthropologie dialectique dans laquelle à chaque instant la compréhension soit demandée, à chaque instant le projet de la personne sous la forme concrète et réelle apparaisse. Il faut, par exemple, que non pas nous nous occupions de revenir sur ces projets, mais que nous montrions l'aliénation du projet, que nous montrions comment un homme entièrement aliéné, c'est-à-dire, par exemple, retrouvant sa force de travail comme force ennemie comme dit Marx, et cependant libre, libre pour rien — ne croyez pas que je veux dire qu'il est libre comme Epictète disait que l'esclave est libre dans ses chaînes —, non, il est libre simplement dans le fait que, et c'est pis, c'est son action-même qui s'aliène dans ses mains, l'action qu'il fait, qu'il veut faire, il veut la faire au plus vite pour avoir le maximum de sa paie, il veut la faire au mieux et par conséquent il utilise le meilleur de ses facultés, il est libre quand il fait ça et quand il fait cela il est en même temps totalement aliéné. C'est dans le meilleur de sa liberté qu'il est le plus profondément aliéné: dans son travail, par exemple. Et ainsi quand il voit revenir la force de travail comme ennemie c'est sa propre liberté aliénée qu'il voit venir à soi.

Ce sont des descriptions concrètes de l'Histoire et de la Sociologie qu'il faut que nous refassions, et que nous refassions dans un ensemble pour voir justement, pour revoir, pour retrouver le sens humain dans toutes les descriptions qu'on donne de structures ou d'histoire. Nous conservons toutes ces structures, nous les

bom destacar essas noções, dá-las sob uma forma abstrata, estudando a consciência pura, não é de forma alguma assim que cabe reintroduzi-las numa antropologia. Na realidade, é preciso que ela esteja sempre aí, mas é preciso que nunca apareça. A verdade, portanto, é que nosso trabalho não consiste em insistir indefinidamente sobre o projeto, sobre a natureza da liberdade, sobre a necessidade (*besoin*), sobre o conjunto das coisas que fazem a condição humana. O que é necessário para nós é reconstituir uma ontologia ou, pelo menos, uma antropologia dialética na qual a compreensão seja exigida a cada instante, a cada instante o projeto da pessoa sob forma concreta e real apareça. É preciso, por exemplo, não que procuremos retornar a esses projetos, mas que mostremos, com base na alienação, o projeto; que mostremos como um homem inteiramente alienado, por exemplo, que reencontra sua força de trabalho como força inimiga, como diz Marx, é, apesar disso, livre, livre para nada – não acreditem que quero dizer que é livre como Epiteto dizia que o escravo é livre em seus grilhões, não –, é livre simplesmente pelo fato de que (o que é pior) é sua própria ação que se aliena em suas mãos, a ação que faz, que quer fazer, ele a quer fazer o mais depressa para obter o máximo no seu pagamento, quer fazê-la da melhor maneira e por isso utiliza o melhor de suas faculdades – ele é livre quando faz isso e, fazendo-o, é ao mesmo tempo totalmente alienado. É no que há de melhor em sua liberdade que ele está o mais profundamente alienado: no seu trabalho, por exemplo. De maneira que, vendo retornar a força de trabalho como inimiga, é a sua própria liberdade alienada que ele vê retornar a si.

São descrições concretas da História e da Sociologia que é preciso que refaçamos e refaçamos em um conjunto para justamente ver, para rever, para reencontrar o sentido humano em todas as descrições que damos de estruturas ou de história. Conservamos todas essas estruturas, consideramos válidas todas as estruturas

considérons comme valables, toutes les structures du marxisme, le conditionnement à la base nous les considérons comme valables, mais dès l'origine nous voulons y remettre le projet; dès le départ, dès ce niveau; et nous voulons faire précisément parce qu'aucune dialectique n'est possible si elle ne part pas de cette liberté fondamentale et immédiate qu'est le projet. N'importe quel acte que nous faisons est dialectique. Dialectique, cela signifie comme je vous l'ai dit, faire surgir des oppositions, les marquer, les manifester, les réduire. C'est exactement ce qui se fait quand, par exemple, j'allume cette cigarette, si j'y parviens.

Vous voyez; j'ai commencé par, j'ai un secteur – en ce moment j'ai ce qui s'appelle un secteur pratique, c'est vous tous – je l'ai strictement réduit pendant une seconde à ce briquet, qui ne m'appartient pas: mais du même coup, du fait que vous étiez en dehors comme assistance, vous m'avez gênés quand je me le suis allumé; nous avons donc determiné une tension; pour sortir de cette tension il a fallut que j'isole dans le briquet même, un certain nombre d'ustensiles, ou d'éléments-ustensiles pour m'en servir. À ce moment-là, j'ai fait jaillir la flamme et l'acte étant proposé, est en réalité devant se faire devant l'assemblée, j'ai rétrouvé une nouvelle totalité, étant donné, que je vous ai retrouvé tous, mais que ma cigarette est allumée, n'est-ce pas? Donc, comme vous le voyez, je suis passé d'un état à un autre par un système de crise, d'opposition et de synthèse et l'opération fut faite, elle est la plus simple du monde.

Toute opération, tout acte, n'importe quoi, même l'acte d'un enfant, un enfant, je veux dire, une personne, c'est un acte dialectique tout simplement à cause de cela, parce que c'est pratique. Et l'origine de la dialectique c'est la praxis. Ce n'est pas autre chose. C'est l'origine vivante de la dialectique. Il n'y a pas de loi tombée du ciel, qui dise il y aura une thèse, une antithèse et une synthèse. Ça n'existe pas. Et ce qu'il y a, c'est que nous, nous sommes perpétuellement en rapports ou univoques ou réciproques avec des

do marxismo, consideramos todos os condicionamentos na base como válidos, mas, desde a origem, queremos neles recolocar o projeto, desde a partida, desde esse nível. E queremos fazê-lo precisamente porque nenhuma dialética é possível se não parte dessa liberdade fundamental e imediata que é o projeto. Qualquer ato que façamos é dialético. Dialético: isso significa, como disse, fazer que surjam oposições, marcá-las, manifestá-las, reduzi-las. É exatamente o que ocorre quando, por exemplo, acendo esta cigarrilha, se conseguir.[1]

Os senhores veem. Comecei por... tenho um setor, neste momento tenho o que se chama um setor prático e são todos os senhores, e o reduzi estritamente, durante um segundo, a este isqueiro, que não me pertence; mas, ao mesmo tempo, pelo fato de que os senhores estavam fora, como auditório, embaraçaram-me quando o acendi. Nós determinamos, portanto, uma tensão. Para sair dessa tensão foi preciso que eu isolasse no próprio isqueiro um certo número de instrumentos ou de elementos-instrumentos para dele me servir. Nesse momento, fiz saltar a chama e o ato sendo proposto e na realidade devendo ser feito diante da assembleia, reencontrei uma nova totalidade, pois reencontrei todos os senhores, mas minha cigarrilha está acesa, não é? Portanto, como os senhores veem, passei de um estado a outro por meio de um sistema de crise, de oposição e de síntese, e a operação se fez e é a mais simples do mundo.

Toda operação, todo ato, seja qual for, mesmo o ato de uma criança, quero dizer, uma pessoa, é um ato dialético pura e simplesmente por causa disso, porque é prático. E a origem da dialética é a práxis. Não é outra coisa. É a origem viva da dialética. Não há lei caída do céu dizendo que haverá uma tese, uma antítese e uma síntese. Isso não existe. O que há é que nós estamos perpetuamente

---

1 Sartre acende sua cigarrilha. (N. T.)

êtres qui sont des objets ou des hommes, et que précisément l'ensemble de ces rapports, étant toujours sous forme de contradiction, de lutte et de solution, amènent finalement l'histoire. Ainsi, lorsque je vous disais que la notion d'intériorisation nous renvoie au *cogito*, j'ajoute que la notion de *cogito* me renvoie immédiatement au dehors et à la dialectique. Le *cogito* ici n'est qu'un moment; c'est le moment du départ. Si on ne part pas de l'idée de la liberté, du *cogito* dans sa formalité, de sa certitude, de son absolut, nous avons perdu l'homme.

Mais, comme on disait autrefois de l'Université, qu'elle mène à tout à condition d'en sortir, le *cogito* mène à tout à la condition d'en sortir: c'est-à-dire, il ne faut plus que cette rencontre nous la considérions comme la rencontre d'une substance incroyable avec elle-même, ni non plus celle même d'une méthode avec elle-même. Il faut que nous comprenions – et c'est là que le *cogito* explose en dialectique – que si l'histoire (mais je n'ai pas le temps de vous exposer ce que je veux expliquer, je vous donne simplement les conclusions), si l'histoire est vraiment une signification qui se totalise, ou la totalisation en marche de significations, si l'histoire est vraiment cela, alors n'importe qui est toujours la totalité de l'histoire, pris d'un point de vue singulier. C'est la singularisation d'une totalité.

A partir de là, si nous comprennons que n'importe quelle aventure aujourd'hui, dans n'importe quel endroit du monde, signifie, pour celui qui sait la déchiffrer, le capitalisme, notre société, la décolonisation, tout, qu'il s'agisse, si vous voulez, de Soraya, par exemple, qui fait couler beaucoup d'encre, ou qu'il s'agisse des aventures tragiques du Congo, si vous retrouvez dans les deux cas les mêmes significations, et si vous comprenez que simplement ce sont des saisies singulières d'une totalité en marche parce que vous êtes perpétuellement totalisés, alors vous trouverez la voie immédiate de sortie du *cogito*, car celui que vous trouvez en vous, c'est

em relação quer unívocas, quer equívocas com seres que são objetos ou homens e que precisamente o conjunto dessas relações, sendo sempre sob a forma de contradição, de luta e de soluções, conduzem finalmente a história. Assim, quando lhes dizia que a noção de interiorização nos remete ao *cogito*, acrescento que a noção de *cogito* me remete imediatamente para fora e para a dialética. O *cogito* aqui não é mais do que um momento. É o momento da partida. Se não se parte da ideia da liberdade, do *cogito* na sua formalidade, de sua certeza, de seu absoluto, teremos perdido o homem.

Mas, como se dizia outrora da universidade que ela leva a tudo sob a condição de que a deixemos, o *cogito* leva a tudo contanto que o deixemos: isto é, não devemos considerar esse encontro como o encontro de uma incrível substância consigo mesma, nem sequer o encontro de um método consigo mesmo. É preciso que compreendamos – e é aí que o *cogito* explode em dialética – que se a história (mas não tenho tempo de lhes expor o que quero explicar com isso, dou-lhes simplesmente as conclusões), se a história é verdadeiramente uma significação que se totaliza ou a totalização em marcha de significações, se a história é verdadeiramente isso, então qualquer um é sempre a totalidade da história, tomada de um ponto de vista singular, é a singularização de uma totalidade.

A partir daí, se compreendemos que qualquer aventura, hoje, em qualquer lugar do mundo, significa para quem sabe decifrá-la, o capitalismo, nossa sociedade, a descolonização, tudo, quer se trate, se quiserem, de Soraya, por exemplo, que faz correr muita tinta,[2] quer se trate das aventuras trágicas do Congo, se os senhores encontrarem nos dois casos as mesmas significações e se compreenderem

---

2 A bela Soraya ganhara na ocasião as manchetes dos jornais no mundo inteiro. Sua incapacidade de fornecer ao trono do Irã o herdeiro desejado acabaria por custar-lhe o título de princesa, pondo fim ao seu casamento com o xá Reza Pahlevi. (N. T.)

n'importe qui, c'est-à-dire l'agent historique, c'est-à-dire l'homme. L'homme d'aujourd'hui.

Ainsi, voulais-je vous montrer que le procédé philosophique auquel je pense qu'il faut recourir, pour fonder l'Anthropologie, c'est la réintégration du *cogito* dans la dialectique. Et si vous me demandez pourquoi faut-il faire tout ça, je vous répondrai: simplement pour que nous soyons humains avec l'homme. Parce que si nous le prenons pour un objet, après tout ça se cassent les objets, et il n'y a pas de raison pour que nous ne le cassions pas. Mais, si nous le prenions précisément pour ce questionné par rapport auquel nous sommes nous-mêmes situés, questionneur et questionné à la fois, si nous comprenons la valeur absolue pour chacun de nous de chacun, parce que le *cogito* est une sorte d'absolut, à partir de là nous pouvons à la fois retrouver tout le développement dialectique, parce que le *cogito* file en dialectique, il disparaît: il n'y a plus qu'à s'occuper à partir de là de ce que nous sommes. Mais en même temps que nous avons trouvé toute la dialectique nous l'avons fondée, en lui donnant une valeur humaine, si vous voulez. Le mot "valeur" peut vous surprendre ici, parce que nous ne faisons pas d'étude axiologique, mais vous savez que nous trouvons ici même la liberté, puisque la liberté et le *cogito* ne font qu'un, liberté, *cogito* – c'est la source de toute valeur, si vous voulez. En tant qu'on peut retrouver en soi-même et hors de soi toute la dialectique, toute l'histoire, toute la liaison des structures et des mouvements, et en même temps la valeur de l'homme qui fait qu'on doit être plus soigneux de lui que de n'importe quoi, et qu'on ne doit jamais l'appeler comme un jour quelqu'un le fit, "le capital humain" – ce n'est pas du capital, c'est l'homme, simplement –, à partir de là si l'on comprend cela, alors je crois qu'on peut revenir à une philosophie marxiste beaucoup plus libre que celle qui est complètement obérée par la dialectique de la nature. C'est celle-là même qui, à mon avis, devrait tâcher de se constituer et c'est elle

que são simplesmente apreensões singulares de uma totalidade em marcha, porque os senhores estão perpetuamente totalizados, então encontrarão o caminho imediato de saída do *cogito*, pois aquele a quem encontrarão nos senhores mesmos é *qualquer um*, isto é, o agente histórico, a saber, o homem, o homem de hoje.

Dessa maneira, eu queria lhes mostrar que o procedimento filosófico a que penso se deva recorrer para fundamentar a Antropologia é a reintegração do *cogito* na dialética. E se perguntarem por que é preciso fazer tudo isso, responderei: simplesmente para que sejamos humanos com o homem, porque se o tomarmos por um objeto – afinal, os objetos se quebram e não há razão para que não o quebremos. Mas, se o tomamos precisamente como esse questionado em relação ao qual estamos nós mesmos situados, questionador e questionado a um só tempo, se compreendemos o valor absoluto para cada um de nós de cada um de nós, porque o *cogito* é uma espécie de absoluto, a partir daí podemos ao mesmo tempo reencontrar todo o desenvolvimento dialético, porque o *cogito* esvai-se em dialética, desaparece: só resta que a partir de então nos ocupemos com o que somos. Mas, ao mesmo tempo que encontramos toda a dialética, fundamo-la também, dando-lhe um valor humano, se quiserem. O termo "valor" pode surpreender aqui porque não fazemos um estudo axiológico, mas os senhores sabem que encontramos aqui mesmo a liberdade, pois a liberdade e o *cogito* são uma única coisa; liberdade, *cogito*, é a fonte de todo valor, se quiserem. Enquanto se pode reencontrar em si mesmo e fora de si toda a dialética, toda a história, toda a ligação das estruturas e dos movimentos e, ao mesmo tempo, o valor do homem, o que faz que se deva ser mais cuidadoso em relação a ele do que em relação ao que quer que seja, não se devendo nunca chamá-lo, como alguém o fez, "o capital humano" – não se trata de capital, mas do homem simplesmente –, se a partir daí se compreende isso, então creio que se pode retornar a uma filosofia marxista muito mais livre do que

qui, en éclatant, aura tout de même donné les moyens à une philosophie de la liberté de se reconstituer, en se récuperant. Par là en récuperant l'idée de liberté sur l'idée de liberté aliénée que nous avons, nous personnellement, à notre disposition.

Voilà ce que je crois pouvoir répondre aux questions que vous me posiez.

a que é completamente onerada pela dialética da natureza. É ela que, no meu entender, dever-se-ia tratar de constituir e é ela que, ao explodir, terá dado entretanto, a uma filosofia da liberdade, os meios de se reconstituir, recuperando-se. Recuperando a ideia de liberdade sob a ideia de liberdade alienada que temos pessoalmente à nossa disposição.

Eis o que acredito poder responder às questões que o senhor me propôs.

Jean-Paul Sartre ao início de sua conferência em Araraquara.

No auditório da Faculdade de Filosofia, Ciências e Letras de Araraquara, um atento público de personalidades da vida cultural brasileira acompanhou a conferência do filósofo francês. Na foto podem ser vistos, entre outros, na primeira fila, Nilo Scalzo, Gilda Mello e Souza, Antonio Candido e Gilles-Gaston Granger; na segunda, João Cruz Costa, Lívio Teixeira e Michel Debrun; na terceira, Dante Tringali e José Celso Martinez Correa; na quarta, José Aluysio Reis de Andrade e Norman Potter.

Nas duas primeiras filas: Ruth Cardoso, Fernando Henrique Cardoso, Bento Prado Jr., Dante Moreira Leite, Miriam Moreira Leite e Jorge Nagle (reitor da Unesp de 1985 a 1988).

Fausto Castilho, Jorge Amado, Paulo Guimarães da Fonseca (então diretor da FFCL de Araraquara) e Simone de Beauvoir integraram a mesa que presidiu a conferência de Sartre. A ela compareceu grande parte da comunidade acadêmica local.

Fausto Castilho, Sartre, Simone de Beauvoir e Luiz Pereira.

Prédio da antiga Faculdade de Filosofia, Ciências e Letras de Araraquara. Construído em 1915, o imóvel foi tombado pelo Condephaat em 1991. Atualmente é sede da Secretaria da Cultura e abriga a Casa de Cultura Luiz Antonio Martinez Corrêa.

(Foto Miro Somenzari)

Fachada do mesmo prédio em 2019.

Acompanhado por Simone de Beauvoir, Fausto Castilho (encoberto) e Jorge Amado, Sartre passeia com estudantes e professores pelo centro de Araraquara.

Jean-Paul Sartre, com Simone de Beauvoir e Jorge Amado.

Convidado pelos estudantes, Sartre participou de debate no antigo Teatro Municipal de Araraquara. Da direita para a esquerda, Fausto Castilho, Sartre, Jorge Amado, Simone de Beauvoir, Paulo Guimarães da Fonseca e Luiz Benedito Orlandi, então presidente do Centro Acadêmico da FFCL.

SOBRE O LIVRO

Formato: 14 x 21 cm
Mancha: 23 x 40 paicas
Tipologia: Venetian 301 12/15
Papel: Offset 75 g/m² (miolo)
Cartão Supremo 250 g/m² (capa)
1ª edição Editora Unesp: 1986
2ª edição Editora Unesp: 2005
3ª edição Editora Unesp: 2019

EQUIPE DE REALIZAÇÃO

Reconstituição do texto em francês
Fleurette Tréfaut, Rosa Maria Gama Rodrigues,
Carmen Sylvia Guedes e Luiz Antonio Amaral

Edição de texto
Tulio Kawata (Copidesque)
Tomoe Moroizumi (Revisão)

Editoração eletrônica
Sergio Gzeschnik

Capa
Negrito Editorial

Assistência editorial
Alberto Bononi